REIHE: NEUE PHILOSOPHIE

Band 1: Hans-Martin Schönherr-Mann: Das Mosaik des Verstehens – Skizzen zu einer negativen Hermeneutik

edition fatal

Hans-Martin Schönherr-Mann

Das Mosaik des Verstehens

Skizzen zu einer negativen Hermeneutik

edition fatal

»edition fatal« Verlagsgesellschaft bR, München
Gesellschafter: Mario R. M. Beilhack, Anil K. Jain
www.edition-fatal.de, kontakt@edition-fatal.de

Reihe: Neue Philosophie, Band 1
Herausgeber: Mario R. M. Beilhack

Hans-Martin Schönherr-Mann: Das Mosaik des Verstehens – Skizzen zu einer negativen Hermeneutik

Originalausgabe, München 2001

Titelbild:
Foto des Autors, bearbeitet durch Anil K. Jain

Die Deutsche Bibliothek – CIP-Einheitsaufnahme:

Schönherr-Mann, Hans-Martin: Das Mosaik des Verstehens : Skizzen zu einer negativen Hermeneutik / Hans-Martin Schönherr-Mann. – München : Ed. Fatal, 2001

ISBN 3-935147-02-3

Herstellung: Libri Books on Demand

Ein Buch für viele nicht

Für Irmi

Inhaltsverzeichnis

Inhaltsverzeichnis

VERSTEHE DEINEN NÄCHSTEN!
Liebe deinen Nächsten! So lautet eine berühmte Aufforderung. Setzt der Imperativ »Hüte dich, den Nächsten zu verstehen!« diese christliche Tradition fort? Heißt Lieben etwa Nichtverstehen?

DAS ETHOS DER BEGEGNUNG

Man begegnet nur einzelnen Menschen, nie der Masse, nie der Gemeinschaft, nie der Klasse, nie dem Volk, auch nicht der Gemeinde oder gar der Ekklesia. In diesen Kollektiven soll man sich als Individuum ja auch verlieren. Wer sich an Gemeinschaften orientiert, gliedert sich ihnen ein, er entfaltet sich nicht selbst als Individuum, sondern trägt dazu bei, seine Gemeinschaft zu entfalten und fortzupflanzen. So entsteht der Typus des altruistischen Menschen als Gemeinschaftswesen: das *zoon politikon* des Aristoteles als jener Mensch, dessen Lebenssinn es ist, Staaten zu bilden – ähnlich den Bienen und den Ameisen. Fähigkeiten dazu, anderen Menschen zu begegnen, besitzt dieses Gemeinschaftswesen nur in beschränktem Maße, eher im privaten, vielleicht sogar nur im familiären Bereich, manchmal nicht einmal dort. Der Gemeinschaftsmensch verwirklicht sich schließlich nicht individuell, sondern funktional, eingebunden in eine Vielfalt von Rollen und unabhängig von den zufälligen Begegnungen mit anderen Menschen; er singt oder betet lieber mit anderen zusammen, als mit diesen ein Gespräch zu führen. Anstatt der Anderen in ihrer absoluten Andersheit zu begegnen, bewegt er sich lieber in Schablonen, die diese Andersheit gerade nicht ausdrücken. Doch je mehr die traditionellen Formen von Gemeinschaften an Orientierungskraft verlieren, weil sie zum Leben des einzelnen immer weniger beizutragen vermögen und neue Gemeinschaftsformen schnell wieder verblassen, weil sie nur kurzfristig auf aktuelle Probleme antworten (Vereine, Bürgerinitiativen, Firmen), um so mehr sind viele Menschen gezwungen, andere Wege der Selbstkonstitution zu gehen. Der moderne Mensch muß zudem zunehmend einsehen, daß Gemeinschaft keine wirkliche Begegnung mit dem anderen Menschen ergibt, daß der einzelne als Individuum in der Menge einsam bleibt – das große Thema der Lebensphilosophie und des Existentialismus in der ersten Hälfte des 20. Jahrhunderts. Wenn man also Menschen begegnen will, dann darf man nicht in der Menge untergehen. Man muß sich von der »Gemeinde« fernhalten und erscheint als Egoist. Nichts anderes bleibt, wenn man nicht einsam sein will und kein bloßer Mitbeter in der Menge. Auf eigene Faust muß man sich aufmachen, anderen Menschen zu begegnen. Wenn man nicht einsam sein will, braucht man die anderen als einzelne, ohne die man sich selbst gar nicht entfalten kann. Für die gemeinschaftsorientierten Ethiken bleiben solche Menschen allerdings Egoisten – selbst wenn sie sich so verhalten, wie es jene Formulierung des kategorischen Imperativs verlangt, nämlich die Andere niemals bloß als Mittel, sondern immer auch als Zweck an sich selbst zu betrachten. Doch deswegen muß ich noch lange nicht die Gemeinschaft als Zweck an sich selbst behandeln. Dann mag ich zwar der Gemeinschaft als Wolf und nicht als braves Lamm erscheinen – aber nicht zwangsläufig der einzelnen Anderen.

Jedenfalls reicht das Schema Altruismus/Egoismus nicht aus, um der Begegnung gerecht zu werden. Unter bestimmten Umständen spielt dieser Gegensatz sicher eine Rolle, aber nur eine untergeordnete. Wenn man die Andere wirklich als Zweck an sich selbst akzeptiert, wenn man ihre Nähe sucht, ohne sie auf das zu reduzieren, als was sie gerade erscheint, und ohne sich ihr zu opfern, dürfte die so Angeschaute nicht ihre Freiheit verlieren, wie es nach Sartre passieren müßte, wenn der Blick der Anderen mich auf das beschränkt, was ich gerade darstelle, und dabei das wegläßt, wonach ich strebe. Umgekehrt kenne ich das Gefühl durchaus, daß der Blick der Anderen mich auf die momentane Nacktheit reduzieren kann.

Doch dieser sartresche Blick, mit dem er die verborgene Intention und die sichtbare Äußerlichkeit richtig differenziert, verfehlt sein Objekt. Der Blick reicht nie an es heran, da erstens sein Objekt ein Subjekt ist und im Blick nicht erfaßt werden kann; und zweitens da jeder Blick auf ein Objekt nur eine mögliche Interpretation darstellt. Der Blick des anderen Menschen ist schwächer als Sartre glaubte. Allein ich bin es, der versteht, freilich ohne zu wissen, was die Andere denkt. Und ich bilde mir ein, daß die Andere mich bloß als denjenigen sieht, wie ich momentan meine, ihr zu erscheinen. Der sartresche Blick der Anderen beschränkt die Begegnung auf ein Zwiegespräch mit mir selbst. Der Kampf zweier Egos findet in meinem Kopf statt. Umgekehrt, wenn ich mich als Blickenden setze, weiß ich, daß mein Blick die Andere nicht adäquat erfaßt und sie auf einen vorläufigen Eindruck reduziert. Dieser Eindruck trügt: Mein Blick wird die Andere als Subjekt nie richtig verstehen. Wenn ich mir dessen bewußt bin, endet dieser Kampf noch bevor er beginnen konnte.

In der Begegnung wird man aber auch nicht vom *Antlitz des Anderen* in die Verantwortung gerufen, wie es sich Lévinas erhofft. Wenn ich Verantwortung für die Andere übernehme, mute ich ihr wahrscheinlich mindestens so häufig etwas zu, wie diese Verantwortung gewünscht wird. Verantwortung tangiert das Helfersyndrom, wenn sie der Anderen vorschreiben will, wie sie zu leben habe, und sei es auch nur in Form elterlicher Lebenswegbereitung. Möchte man jemandem begegnen, dann will man nicht dessen/deren Leben ändern, nicht bereiten, nicht vorprägen, nicht missionieren. Man will davon hören, es sehen, es spüren, es sein lassen, wie es ist. Wenn man das Leben der Anderen ändern will, dann versucht man nicht diesem Menschen zu begegnen, sondern sich selbst. Man überträgt seine eigenen Vorstellungen auf die Andere. Die Verantwortung für die Andere kann eine Begegnung zerstören; denn sie reduziert die Begegnung auf eine ethische Beziehung. Begegnen verlangt mehr, als bloß zu verantworten.

GESPRÄCHE ZWISCHEN VERDUNKELN UND ERHELLEN

Will ich jemandem, der Anderen, begegnen, so muß ich nicht mit ihr beten, nicht mit ihr singen oder demonstrieren, auch nicht ihr Antzlitz schauend Verantwortung tragen, sondern: mit ihr sprechen. Selbst wenn ich jemandem stumm begegne, findet im Schweigen nur die Rede als Unterbrechung statt. Begegnungen ohne Gespräch sind kaum vorstellbar. Man trifft sich nicht, wenn man nicht miteinander redet. Man stolpert höchstens übereinander.

Allerdings mit dem, was es da so alles im Gespräch zu verstehen gibt, verhält es sich keineswegs klar und eindeutig. Mein Blick erfaßt die Andere auf das Sichtbare beschränkt. Aber selbst wenn sie sich mir offenbart, selbst wenn ich sie seit langen Jahren gut zu kennen glaube, woher weiß ich, was in ihr vorgeht? Woher weiß ich, daß sie nicht lügt (was in einer Welt der Maskeraden im übrigen nicht weiter schlimm ist, schon gar nicht moralisch verwerflich)? Woher weiß ich, daß ich sie überhaupt richtig verstanden habe? Was weiß ich gesichert darüber, daß ich etwas verstehe. Selbst wenn ich noch so sicher bin, bleibt ein Rest von Ungewißheit, die Chance des Mißverstehens.

Verstehen verdunkelt mindestens so viel, wie es erhellt; denn wo es das eine erhellt, verdunkelt es das andere. Wenn es hier versteht, versteht es dort nicht. Wenn es jetzt das versteht, versteht es das andere nicht gleichzeitig. Und zeitlich nacheinander setzt es sich dem Vergessen aus. Wenn es die Welt als Ganzes versteht, übersieht es die Details und umgekehrt. So aber bleibt ihm etwas Dunkles. Umfassendes Verstehen des Ganzen mit all seinen Teilen, immer und ewig, halluziniert einen Gott oder absoluten Geist – eine Fiktion, die das Zeitalter der Informatisierung längst aufgegeben hat. Angesichts des Computers muß Gott einsehen, daß er sich nicht alles merken kann.

Ich verstehe etwas als etwas anderes, wenn ich verstehe: ich übersetze von einem Satz in einen nächsten. Es soll sogar nur eine Übersetzung sein und nicht das Identische. Bedeutungen werden erzeugt und zugleich variiert, verdichtet und verschoben. Was ich verstehe, ist immer etwas anderes, der Schritt vom einen zur Anderen. Sofort hat eine Verschiebung stattgefunden. Sonst wäre das Verstehen eine Tautologie und kein Verstehen. Im Verstehen muß etwas hinzukommen, etwas anders werden.

SACHLICHKEIT IM GESPRÄCH

Selbst in einem Gespräch unter Logikern über Logik gleiten die Bedeutungen unter der Rede entlang. Jedenfalls ist kaum alles nur eindeutig. Zudem spielen in jedes Gespräch persönliche Angelegenheiten hinein – um das einzusehen muß man nicht auf die Psychoanalyse zurückgreifen. Wenn man dagegen einwendet, daß das Wissenschaftliche an diesem Gespräch unter Logikern genau das wäre, was nicht durch Persönliches infiltriert ist, so mag man das zwar entsprechend unterscheiden können (von der Position der Logik aus »verschmutzen« die Beteiligten jedes Gespräch). Nur: Das, was man als objektiven Bestand herausgefiltert hat, ist eben kein Gespräch mehr, sondern ein wissenschaftlicher – vielleicht ein platonischer – Dialog, der konstruiert wird.

Ein Gespräch, das sich weitgehend auf die Sache beschränkt, ist kein richtiges Gespräch. Das Gespräch darf nicht allein von seinen thematischen Gegenständen bestimmt sein, sondern muß ebenso von den beteiligten Menschen mit ihren persönlichen Eigenarten geprägt werden. Das Gespräch braucht das lebendige Engagement, das Hingerissensein. Es muß also in dem Sinne unsachlich sein, daß nicht allein die Sache es bestimmt – weil das Ethos der Moderne zurecht die Sachlichkeit ist. Denn »wahre« (ethische) Sachlichkeit wird tatsächlich erst dann erreicht, wenn alle Gegenstände gemäß ihrer individuell wahrgenommenen Eigenarten erscheinen: Man kann unerotisch nicht sachlich angemessen über Erotik sprechen. Folglich ist ein Gespräch nur dann sachlich, wenn sich jeder persönlich einbringt.

Sonst jedenfalls – in bloßer Sachlichkeit (so sachlich korrekt sie sein mag) – begegnen sich im Gespräch die Beteiligten nicht. Sie gehen nicht aus sich heraus, bringen sich nicht ein, sondern bleiben bei sich selbst oder der Sache – ein übliches Raster, eine Fähigkeit, die jede Gesellschaft braucht, um die notwendigen Funktionen auszufüllen. Das Gespräch, das sich nicht auf derartige soziale Funktionen beschränken will, braucht das Überschreiten der Sache durch die Beteiligten. Nur dann findet in ihm lebendige Rede statt. Nur dann gewinnt das Gespräch die Qualität einer Begegnung. Nur dann handelt es sich um ein persönliches Gespräch.

DIE UNSCHÄRFEBEDINGUNG VON SPRACHE ALS VERUNSICHERUNG

Das unpersönliche, sachliche Gespräch reduziert den Charakter der Begegnung, doch ohne daß es ihm gelänge, eine unzweideutige, bloß sachliche Rede zu entwickeln. Auch das unpersönliche Gespräch vermag nicht, aus den Bedingungen der Sprache herauszutreten.

Die Sprache beherrscht alle Dimensionen des Gesprächs. Sprache eröffnet die Kommunikation. Sprache verbindet Menschen miteinander oder trennt sie, wenn sie nicht dieselbe Sprache sprechen. Wenn es denn nur so einfach wäre, auch bloß dieselbe zu sprechen! Sprache trennt nämlich sogar jene, die dieselbe Sprache sprechen. Sprache, die Verstehen ermöglicht, verunmöglicht es zugleich – jedenfalls ein umfassendes, objektives bzw. adäquates Verstehen. Um die Andere adäquat zu verstehen, müßte ich am inneren Gespräch ihrer Selbstheiten untereinander (beziehungsweise – je nach Anthropologie – am inneren Monolog ihrer Seele) teilnehmen. Und verstehe ich sie objektiv, übergehe ich die Nuancen der Innerlichkeit.

Die Struktur der Sprache läßt sich mit Wittgenstein bestenfalls als Sprachspiel vorführen. Es gibt eine unbeschränkte Vielzahl von Sprachspielen und eine Unendlichkeit von Bedeutungen, die sich in diesen Sprachspielen und ihren Varianten präsentieren. Eine Bedeutung zu umschreiben, verschiebt diese Bedeutung bereits. Jede weitere Präzisierung verschärft das Problem und löst es nicht. Verstehen heißt letztlich immer, etwas Anderes verstehen. Die Sprache selbst produziert die Hürden des Verstehens, denen man kaum entgeht.

Wenn die Gegenstände eines Gesprächs klar scheinen, dann läßt sich die Andere oft vermeintlich besser und leichter verstehen: Eine sachliche Thematik verengt den Verstehenshorizont sowie die mit ihm sich eröffnenden Interpretationsmöglichkeiten. Aber auch dann muß das Gesagte von jemandem verstanden werden, und Verstehen findet im Kopf des Verstehenden statt. Das, was es in der Logik zu verstehen gibt, läßt sich zwar präziser vergleichen, als das, was in Alltagsgesprächen verstanden wird. Doch jenseits festgeschriebener Sachlichkeiten kennt die Rede keine Grenzen bzw. nur diese oszillierenden Bedingungen der Sprache, die in keiner Weise festliegen.

Schon in der Sprache selbst siedelt die Bedingung des Nichtverstehens. Doch diese Bedingung kulminiert in der Begegnung mit der Anderen, wenn es darum geht, einen anderen Menschen zu verstehen. Unter der wittgensteinschen Unschärfebedingung von Sprache bleibt mir die Andere unzugänglich. Ich habe keinerlei definitive Gewißheit, ob ich die Andere richtig verstehe, da ich nicht einmal sicher sein kann, daß ich das verstehe, was sie sagt. Eine solche Gewißheit wäre absurd. Trotzdem hat die abendländische Philosophie diese Ungewißheit kaum beachtet.

VOM VERSTEHEN ZUM NICHTVERSTEHEN

Diese Dynamik des Nichtverstehens besitzt noch eine weitere Dimension, die sie intensiviert und die jegliche Hermeneutik negativ werden läßt. Verstehen gibt etwas als etwas Anderes aus: Ich verstehe meinen Kopfschmerz, wenn ich ihn erklären kann, als Grund das Wetter angebe. Der Kopfschmerz erhält seine Repräsentation im Wetter, das angeblich ihn entstehen ließ. Verstehen verbindet hier zwei verschiedene Ereignisse in eine Einheit.

Doch diese repräsentierte Einheit beruht nun einmal auf einer Zweiheit. Eine negative Hermeneutik dreht diesen Zusammenhang um. Sie erkennt am Grunde solcher vorgestellter Einheit die Differenz. Sie folgert daraus, *daß die Bedingung jeglichen Verstehens das Nichtverstehen ist,* d.h. die Differenz und nicht die Repräsentation. Denn zwei unterschiedliche Dinge lassen sich nicht zu einer Identität vereinen. Sie verbleiben unterschiedlich trotz ihrer vorgestellten Einheit, die sich letzlich immer als Illusion erweist.

Am Grund jeder Repräsentation siedelt im Verstehensprozeß folglich eine Differenz: der Kopfschmerz und das Wetter sind nicht dasselbe. Verstehen – wenn es nicht mythisch verklärt wird – überwindet diese Differenz nur scheinbar, Im Nichtverstehen wird klar, daß die Repräsentation nicht aufgeht: Die Verbindung von Kopfschmerz und Wetter bleibt vorgeblich, erwiest sich als konstruiert. Ergo: Wenn ich verstehe, verstehe ich immer nicht bzw. ich gebe vor, daß mir die Verbindung von Kopfschmerz und Wetter zu einer Einheit etwas zu verstehen gibt, wenn ich die Differenz geflissentlich mißachte. Eigentlich wird nur eine Differenz zugeschüttet.

Immer bleibt diese Differenz am Grunde des Verstehens, somit das Nichtverstehen: Auch der Gehirntumor ist nicht der Schmerz. Er hat ihn vielleicht anders als das Wetter verursacht. Aber *verursachen* heißt auch wieder, *etwas für etwas Anderes setzen*, also eine Differenz als Identität zur repräsentieren. Wo Ursache und Wirkung eng zusammenrücken, meint man eine gesicherte Verbindung ausmachen zu können. Rücken sie auseinander, diskutiert man darüber. Trotzdem bestehen in beiden Fällen Differenzen.

DIE ZUFÄLLE DES VERSTEHENS

Die Rede, das Gespräch ist durch die Beteiligten und ihr Zusammenspiel begrenzt, was einer Entgrenzung gleichkommt. Wenn ich denn wüßte, was ich sagen soll und sagen will? Ja, wenn ich überhaupt wüßte, was ich sage? Und wenn ich wüßte, wer mir zuhört, wenn ich mir zuhöre, um zu wissen, was ich sage, wenn ich mir zuhöre?

Noch verzwicktere Probleme entstehen, wenn ich der Anderen zuhöre, wenn beide nicht so genau wissen, wer sich da selbst zuhört, wenn er der Anderen zuhört und umgekehrt. Ich muß ihr zuhören, wenn ich ihr begegnen will. Ich merke durch ihre Antworten, ob sie mich verstanden hat. Ja, wenn ich wirklich verstände, was ich höre! Manchmal scheint die Andere aus unerklärlichen Gründen verstanden zu haben und manchmal nicht, manchmal scheint sie grundlos verstanden zu haben, und manchmal hat sie grundlos nicht verstanden. Genauer: Ich verstehe, daß sie versteht. Warum verstehe ich das?

Das Verstehen muß dieser Multiplizität der Verstehenden eingedenk sein, die nicht eine klare, fixe und beständige Identität besitzen, die nicht genau wissen, was zu verstehen ist. Verstehen ist ein schwankender Prozeß, über dessen Erfolg oder Mißerfolg man nie sicher sein kann. Wie lautet doch das hübsche Beispiel aus der Sprechakttheorie: »Karl-Otto, häng' dich nicht an den Kronleuchter!« – »Klirr.« Vielleicht ist Karl-Otto, trotzdem er die Aufforderung sehr wohl verstanden hat, an den Kronleuchter gesprungen.

VON DER SCHWIERIGKEIT, IN IHREM GESICHT ZU LESEN

Manche meinen, zum Verstehen der Anderen gehöre die Verbindung von Rede und Mimik sowie Gestik. Solche Erwartungen verlängern sich bis in die Wissenschaft hinein. Manche wissenschaftstheoretische Position meinte, das Hindeuten auf den Gegenstand – wunderbar umschrieben mit: *deiktischer Zeigehandlung* – würde den Gegenstand genau markieren. Aber was kann der ausgestreckte Zeigefinger alles bedeuten? Mimik und Gestik sind interpretationsbedürftiger als die Rede bzw. lassen größere Spielräume.

Mimik und Gestik heben das Gespräch auf eine andere Ebene. Zwischen der Mimik, der Gestik und der Rede gibt es eine Vielzahl von Zusammenhängen und Übergängen. Bestenfalls die Gewohnheit lehrt, wie man Interpretationen teilweise überprüfbar hält. Zeichensprache kann nicht-sprachlicher Natur sein und doch verstanden werden, auch wenn fraglich ist, was dann Verstehen heißen soll. Jedenfalls bleibt dieses Verstehen im Vagen. Durch die Mimik wird das Gespräch nicht verständlicher, sondern komplexer.

So ist ein Gespräch ohne Mimik und Gestik nicht vorstellbar, es bleibt reduktiv. Zum Gespräch gehört der Blick wie die Haltung. Steifheit in dieser Hinsicht wirkt befremdlich. Deshalb erzählen sich manche Menschen am Telefon, was sie gerade tun und das Gespräch kann auf diese Weise sogar erotische Dimensionen annehmen. Bereits das Zischen des Streichholzes erweitert die reduktive Situation am Telefon eminent. Es ist schön, wenn man hört, was die Andere am anderen Ende der Leitung erlebt. Es simuliert Begegnung und gaukelt Verstehen vor. Muß man Verstehen simulieren? Ist Verstehen nur eine Einbildung?

Mühsam folge ich meinem eigenen Gespräch, wenn ich es verstehen will. Es eilt dahin, wenn ich darüber nicht nachdenke, wenn ich nicht versuche, ihre Mimik, ihre Rede, ihre Gesten eigens zu verstehen. Wenn ich mich darum bemühe, schweifen meine Gedanken eher ab, folge ich dem Gespräch unkonzentriert. *Könnte es sein, daß ich nur verstehe, wenn ich nicht verstehe*? Darf ich gar nicht verstehen, wenn ich verstehen will? Darf ich auf ihre Gestik und Mimik nicht gesondert achten? Denn das Verstehen als aktueller Prozeß ist nicht teilbar. Einen Satz, in einer fremden Sprache zu lernen, heißt nicht, ihn in einer konkreten Situation zu verstehen. Aber was verstehe ich dann? Und wen? Wenn ich mich nicht frage, was ich verstehe, dann verstehe ich – aber nur in einem unreflektierten Sinn. Ist Verstehen unreflektiert? Oder wäre das kein richtiges Verstehen? Aber ich kann es doch sagen! Und die Andere versteht!

WARUM MUẞ MICH DIE ANDERE IMMER ANFASSEN?

Die Berührung gehört sicherlich nicht für jeden zu jedem Gespräch, für andere aber doch. Von mir möchte nicht gerade behaupten, dergleichen würde ich besonders schätzen – es sei denn, es handelt sich um meine Geliebte. (Ich weiß, ich bin verklemmt.) Die *Möglichkeit* der Berührung aber erzeugt erst jene Nähe, die die Gesprächssituation braucht, wenn das Gespräch nicht nur tendenziell eine Begegnung darstellen soll. Ohne die Möglichkeit der Berührung substituiert jedes Gespräch nur die Begegnung. Man denke an jene Menschen, die sich nur durch Glasscheiben getrennt sehen dürfen und über Mikrofone miteinander reden müssen.

Nicht, daß die Berührung das Verstehen erleichtern würde. Im Gegenteil, das Verstehen wird nur komplexer. Körperliche Anwesenheit, gar Berührung verbessert zwar häufig die Möglichkeiten, einander zu verstehen, doch nicht notwendigerweise. Man kann eine Stimme am Telefon sympathisch oder hoch erotisch empfinden. Darauf folgende erste Begegnungen ernüchtern schnell. Ein gutes Gespräch zu führen, wird dann häufig schwieriger. Ferne verzaubert, gleichgültig ob es sich um den unerreichbaren Star, die unbekannte Autorin einer Heiratsanzeige oder um die schöne Nachbarin handelt. Lernt man sie trotzdem kennen, zerfällt der Zauber allemal und um so schneller, sollte sie Nichtraucherin, Vegetarierin oder kinderlieb sein und womöglich an den »lieben Gott« glauben. *Jetzt* beginnt die Schwierigkeit zu verstehen – oder das Nichtverstehen.

Wenn man miteinander redet, will man vielleicht nicht einmal wirklich verstehen, sondern nur eine Begegnung genießen. Oder verstehen (sich) nur Protestanten und Wissenschaftler? Läßt sich Verstehen nach dem Modell des Lesens von Texten entwerfen? Oder wäre das ein eingeschränktes Verstehen? Die Menschen reden zwar in allen Lebenslagen. Aber das Gespräch braucht die Nähe. Schon wenn Menschen in einem großen Raum zu weit voneinander entfernt sind, um sich berühren zu können, leidet das Gespräch. Der kleine Raum schafft Intimität – auch wenn das die unerträgliche Nähe der Herde sein mag. Dieser Drang beseelte weite Teile der Philosophiegeschichte. Viele kompensierten in diesem Drang die Verlegenheit, in die sie erotische Affektionen regelmäßig brachten (beispielsweise jene, die den Sinn der Sexualität in der Nachwuchsproduktion erfinden und deren vielfältige Verhinderung kräftig beschimpfen, wie Gabriel Marcel).[1]

Der Drang zur Herde ist geblieben, obwohl man sich in der Herde nirgendwo wiederfindet. Umberto Eco erzählt die schöne Geschichte, daß Thomas von Aquin von seinen Brüdern eingesperrt wurde und sie ihm eine nackte Frau ins Zimmer schickten, um ihn zu lehren, ein richtiger Abt zu werden. Doch Thomas hatte nichts Besseres zu tun, als mit einem brennenden Holzscheit auf die Andere loszugehen – daß das ziemlich dumm ist, darüber dürfte weitgehende Einigkeit herrschen, und wahrscheinlich auch darüber, daß er die Gelegenheit hätte nutzen sollen, sexuelle Erfahrungen zu machen. Diese Begegnung verwirrte ihn so, daß er seitdem die Begegnung mit Frauen mied, als wären sie Schlangen: Alles in allem, kein besonders ethisches Verhalten. Aber sowenig ein guter Physiker ein Heiliger sein muß, muß ein Heiliger ein guter Mensch sein, vor allem einer, der dergleichen Verheiligung gar nicht gemocht hätte. Es hätte ihm das ganze Lebenswerk versaut, meint nämlich der Blasphemiker Eco.

Häufig wird zuviel Nähe nicht gewünscht. Vielleicht weil die sexuelle Affektion übermächtig oder aufdringlich wird. Vielleicht telefonieren junge Frauen daher besonders gerne. Es hält den Verehrer vom Leib. Sie selbst sind dabei nicht zur Mimik und Gestik verpflichtet, d.h. nicht zum Styling. Daher die Lust am Handy: Erreichbar und doch fern, nahbar unnahbar sein, verstehbar und doch unverständlich.

LIEBE UND LANGEWEILE

Für manche Menschen findet die Begegnung in ihrer klarsten Form in der Liebe statt. Wahre Liebe opfert sich nicht, höchstens die dumme. Wahre Liebe kann das Opfer nicht genießen. Das Opfer ist ein Tauschgeschäft und hinterhältig ist vor allem der, der opfert und nun eine Gegenleistung erwartet.

Wahre Liebe ist körperliche Liebe, nicht die Nächstenliebe – also die spannende und nicht die langweilige Liebe. Zu Zeiten des Nazareners muß es eher umgekehrt gewesen sein. Da war die Nächstenliebe die Überraschung, während die immer gleiche Wiederholung erotischer Affektionen so manchen damaligen Zeitgenossen – unter ihnen besagter Nazarener – nicht unbegründet langweilen mochte. Doch seit sich diese Leute, die die Erotik langweilte, immer stärker durchsetzten, als sie die Werte umwerteten und plötzlich eine Liebe ohne Eros überall herausragende Bedeutung erlangte – eine solche Verirrung konnte nur aus Langeweile und aus Nichtverstehen (Entschuldigung, natürlich Verstehen!) passieren –, hat sich das Verhältnis von Spannung und Langeweile hinsichtlich der Erotik wieder gewandelt. Allerdings steckt auch heute noch in der erotischen Liebe aufgrund der Natur der Angelegenheit die permanente Wiederholung des Immergleichen, also ein aktives Moment der Langeweile, das irgendwann wieder eine Abwertung der erotischen Liebe herausfordern wird. Bald muß man jedenfalls – vielleicht im Jahre 100 nach Gründung der Rolling Stones – nicht mehr ergänzen, daß man die erotische Liebe meint, wenn man von der Liebe redet.

DER NEGATIVE HIMMEL DER LIEBENDEN

Ein Gespräch unter Liebenden kann sich nicht auf das Telefon beschränken. Es braucht die Anwesenheit, die Nähe, die Möglichkeit der Berührung. Der Anspruch der Anwesenheit wird um so drängender, je stärker sie verhindert wird. Berührung ist nicht ersetzbar. Die Begegnung läßt unter liebenden Umständen kein Medium zu, nicht einmal das des Traumes. Sonst gäbe es keine Sehnsucht. Man kann von der Geliebten träumen. Das kann äußerst erfreulich sein. Es vermag keinesfalls die Anwesenheit der Geliebten zu ersetzen.

Viele Menschen versuchen gar nicht, der Anderen zu begegnen. Andere wollen den totalen Einklang, den sie nur in quasi »prähistorischer« Ferne realisieren können. Denn wenn ich den Einklang mit meiner Geliebten suche, muß ich sie als Person ausschalten. Romantiker dagegen gehen üblicherweise mit der »Titanic« unter, haben ihre Liebe dabei kurz gesehen und können den Rest des Lebens von ihr träumen, während die anderen längst zerstritten und geschieden sind. Die romantische Liebe findet wohlweislich erst im Himmel ihre Erfüllung, während die irdische als unvollkommen gilt. Vielleicht haben solche Spätromantiker wie Eichendorff zu sehr unter Petrarcas unerfüllter Leidenschaft zu seiner Laura gelitten – Hölderlin hat dementsprechend die Weltliteratur um eine Diotima ergänzt –, als daß sie begreifen konnten, daß zur Liebe viel weniger die Erfüllung gehört, die ihr Tod ist, als ihre Verhinderung und Beeinträchtigung, ihre Gefährdung und ihre Störung, die ihr erst die richtige dauerhafte Spannung verleihen. Liebe realisiert sich ob ihrer Beschränkung. Deshalb ist Symbiose für die meisten Beziehungen der Tod der Liebe. Erfüllung und Vollkommenheit stellen vom Wortsinn her das Ende dar. Erfüllte Liebe ist der Tod. Deshalb konnten alle sozialen Behinderungen der Liebe so lange halten: sie waren gewünscht, erhöhten die Spannung in einer ansonsten recht banalen Angelegenheit.

Verstehen funktioniert hier nur im Nichtverstehen. Aber letzteres realisiert sich im Diesseits. Der Himmel der Differenz, der negative Himmel, der der positive wäre, ist noch nicht erfunden. Die Romantiker hatten freilich den Tod der irdischen Liebe begriffen, wie das Bürgertum sie lebenswährend und gebährfreudig entwarf. Da blieb nur der Himmel als Trost. Hölderlin und erst recht der beinaheromantische Nachzügler Nietzsche hatten einfach unglaubliches Glück mit ihrem Pech bei Frauen: Der Dichter des »Zarathustra« als braver Familienvater – natürlich kein Lebensentwurf für alle, aber auch nicht für keinen. Nicht nur am Untertitel seines Zarathustras »Ein Buch für Alle und Keinen«, sondern auch am Pathos des Werkes erkennt man, daß Nietzsche doch gerne ein Spießer gewesen wäre. Pathos hebt das Banale auf.

DIE VOLLKOMMENHEIT DER NEGATIVEN LIEBE

Insofern ist die Anwesenheit, die Möglichkeit der Berührung, das Gespräch in der Liebe nur als unterbrochenes, als gestörtes und gefährdetes zu denken. Deswegen hat der Katholizismus bis heute mehr für die Liebe geleistet als ein Luther mit »zweimal die Woche« oder ein Calvin, der die Liebe funktionalisierte. (Allerdings würde wohl sowieso niemand Calvin einen konstruktiven Beitrag zur Liebe zutrauen.) Nicht das Zusammenleben fördert die Liebe, sondern die Trennung, nicht die Libertinage, sondern die Hemmung, die katholische Sexualmoral mit ihrem Pillenverbot – obwohl davon kaum noch jemand weiß (eigentlich schade!) – und ihrem Kampf gegen die Abtreibung. Natürlich fördert das die Spannung zwischen den Liebenden wie der Sadomasochismus. Aber wäre nicht im Dienst der Liebe alles erlaubt – auch das Verbot der Abtreibung, eben alles, was sie gefährlicher und reizvoller macht, kulturierter, unnatürlicher, unbiologischer.

Trotzdem ermöglicht die Liebe manchmal ausgezeichnete Gesprächssituationen. Vielleicht finden die herausragendsten Begegnungen unter Liebenden statt – die Literatur ist voll davon; trotzdem gilt das nicht für jeden. Manche Menschen mögen mit ihren Partnern nie ein richtiges Gespräch geführt haben. Aber meine Rede erhebt keinesfalls den Anspruch auf Verallgemeinerbarkeit. Die mögliche Multiplizität der Dimensionen bei der Begegnung Liebender verleiht ihrem Gespräch eine Vollkommenheit, die es nirgendwo anders erreicht, weil im lieblosen oder im den Nächsten liebenden Fall die erotische oder sexuelle Dimension fehlt. Also nicht einmal die Begegnung auf der Ebene der Zeichen oder kühlen Wissenschaft kann Verallgemeinerbarkeit beanspruchen. Ihr fehlte die Erotik und das Nichtverstehen steht einem solchen Ansinnen entgegen.

Allerdings erreicht das Gespräch der Liebenden nicht notwendig Harmonie. Die besagte Vollkommenheit zielt auf Anderes. Die Harmonie kann beiherspielen, wenn die Liebe die Differenzen überspielt. Nicht nur der Wechsel der Launen – die eigene Multiplizität des Ichs –, sondern die *Schwierigkeit, die Andere zu verstehen*, verfestigt die Differenzen, anstatt sie aufzuheben. Trotzdem: Im Spiel der Liebenden entfaltet sich das Verstehen in seiner größten Komplexität, in seiner größten Schwierigkeit: Das Spiel, das notorisch zwischen Dramatik und Komik, zwischen Tragödie und Schnulze pendelt, gerät in dieses Oszillieren, weil sich seine Grundlage – das Verstehen – in allen Dimensionen zwischen Verstehen und Nichtverstehen entfaltet. Die Differenz, die sich im Nichtverstehen manifestiert, repräsentiert sich als Beziehungsstruktur, gleichgültig ob konfligierend oder harmonisierend, einen Augenblick lang Vollkommenheit halluzinierend, während darin schon die Differenzen wühlen.

Die Harmonie ist nicht das Ende der Differenz. Schon gar nicht überwindet sie die Schwierigkeit, die Andere zu verstehen. Die Harmonie ist nur die Repräsentation der Aufhebung von beiden. In der Harmonie wird die Differenz fortgeschrieben. Wahrscheinlich gelingt Harmonie am besten als Zusammenspiel von Differenzen, als Zusammenspiel von Nichtverstehen und Mißverstehen und insofern als komplementäre Beziehung. Symmetrische Beziehungen sind naturgemäß weniger harmonisch. Lieben heißt Verstehen in seiner vollen Komplexität und Differentialität, heißt somit primär Nichtverstehen, wie das Verstehen selbst. Liebe ist negativ.

NICHTVERSTEHEN UNTER FREUNDEN

Die Zeiten von Hölderlin und Schiller sind vorbei. Man singt nicht mehr trunken vor Begeisterung der Freundschaft Lied. Brüderlichkeit, die man erreichen wollte, offenbarte häßliche Eigenschaften. Im Zug des Individualisierungsprozesses indes, der sich in jederzeit auflösungsbereiten Ehen, in zunehmenden städtischen Single-Existenzen oder in lockeren und nicht institutionellen Gemeinschaften präsentiert, gewinnen Freundschaften wieder an Attraktivität. Denn wenn die Familien instabil werden, wenn sich die Scheidungen häufen und Gemeinschaften keine lebenslängliche Lebenserwartungen mehr besitzen, treten zunehmend Freundeskreise an deren Stelle. Das Nachlassen integrativer Kräfte der großen sozialen Gemeinschaften, von den Vereinen über die Parteien bis zu den Gewerkschaften, öffnen Nischen, in denen sich eine individualistische Lebensform ausbreitet, die diese kleinen persönlichen Gemeinschaften kommunikativ und sozial bedeutsamer als früher werden läßt, weil die soziale Orientierung in der konkreten zwischenmenschlichen Beziehung gesucht wird und nicht in den sozialen Ordnungen. Insofern avancierte die Freundschaft in der urbanen Welt zu einem wesentlichen Ort der Begegnung.

Umgekehrt braucht kaum eine Beziehungsform das Gespräch und die Begegnung nötiger als die Freundschaft. Hier entsprang das Verstehen und somit die Hermeneutik. In institutionell geregelten Formen ist ein verständnisvolles Gespräch nicht unbedingt nötig. Selbst Eheleute können ihr gemeinsames Leben leben und ihre Beischläfe vollziehen, ohne notwendigerweise sich zu begegenen, miteinander so zu sprechen, daß sie sich verstehen bzw. ihr Nichtverstehen bemerken. Freundschaft indes gibt es nicht ohne Gespräch, und offensichtlicher als irgendwo ist hier das Nichtverstehen das Kriterium des Verstehens. Erst wenn ich bemerke, daß ich sie partout nicht verstehe, verstehe ich die Andere. Freundschaft zwischen Mann und Hund verschiebt die Bedeutung bzw. erfindet eine neue. Wo ich, wie bei der Freundschaft, allein auf das Verstehen angewiesen bin, wächst sich dessen Schwierigkeit in die Dimension des Nichtverstehens aus. Unter Freunden muß ich verstehen und muß doch erkennen, daß das nie ausreicht. Unter Freunden finden daher vielleicht die besten Gespräche statt, dort wo keine Höflichkeitsfloskeln die Differenzen kaschieren, wo sie auftauchen und das Nichtverstehen offenbaren. Wo man sich nur gut versteht, geht die Freundschaft schnell in Bierseligkeiten auf, die die Begegnung, das Gespräch wie das Verstehen, wieder in Frage stellen. Freundschaften, die im Laufe der Zeit zunehmend Formen der Höflichkeit entwickeln, erkalten, versuchen nicht mehr zu verstehen.

Verstehen aus informatisiertem Nichtverstehen

Natürlich können unter den Bedingungen der Mobilitätsgesellschaft Brief, Telefon und E-Mail zum Erhalt von Freundschaften beitragen, indem sie den Kontakt wahren, die Begegnung im Sinne einer permanenten geistigen Vorbereitung organisieren. Doch die Freundschaft braucht wie die Liebe die Begegnung. Man könnte ansonsten von platonischer Freundschaft sprechen, was nur zeigt, daß die Notwendigkeit der Begegnung für die Entfaltung mancher Menschen weniger Beachtung erfährt. Das erlaubt in einer liberalen Gesellschaft indes keinen moralischen Vorwurf. Und zudem erhalten die modernen Medien und Verkehrsmittel Freundschaften über große Entfernungen hinweg aufrecht. Sie entheben die Menschen vom Zwang, sich die Freunde in der näheren Umgebung, gar in der Nachbarschaft zu suchen, mit denen sie häufig nur die räumliche Nähe verbindet. Man kann sich jene Freunde erhalten, die man mag. Schnell fliegt man mal nach New York. Das ebnet den Weg in die *global civil society*. In der Tat verbindet mich mit den liberalen Intellektuellen Lissabons oder New Yorks mehr, als mit dem Öko-Bauern aus dem Allgäu oder dem frömmelnden Scientologen, der mir eine Wohnung vermittelt.

Trotzdem verbreiten sich in der Informationsgesellschaft Kommunikationsformen, die die Begegnung systematisch ersetzen. Telefonieren war nur ein Anfang. Das Internet mit der Möglichkeit, sich mit anderen Menschen in virtuellen Räumen zu treffen, wo man sich schriftlich in sogenannter Echtzeit amüsiert, ist der Fortschritt der begegnungslosen Kommunikation. Im Grunde hat man es hier nicht mehr nötig zu verstehen, jedenfalls nicht über die Maßen: Das Verstandene braucht mit Mimik, Gestik und Berührung nicht in Einklang (oder besser in Dissonanz) gebracht zu werden. So als wenn ich einen Text lese, bei dem mich dessen Autor nicht durch Kommentare stören kann, steht das Gelesene allein meinen Erfahrungen gegenüber, die ich bisher im »Chat« erlebt habe. Das Verstehen ist einfacher, da das Nichtverstehen ferner liegt. Denn ich verstehe hierbei nicht einen Menschen, sondern nur einen Text im Sinne Adornos, d.h. unabhängig von den Intentionen des Autors. Trotzdem erfaßt nach Adornos *negativer Dialektik* kein Text und kein Begriff jemals vollständig seinen Gegenstand. Adorno meint das noch materialistisch: Die Aussage spiegelt den Sachverhalt unzureichend. Sprachphilosophisch dagegen stellt jeder Begriff und jeder Text laufend neue Verbindungen her, die nie erschöpft werden können. Adorno ebnet den Weg in eine negative Hermeneutik bereits in der theoretischen Philosophie.

Keinesfalls will ich die spielerische Seite dieser neuen Kommunikationsformen in Zweifel ziehen, die sich aus dem bekannten Spiel von Verstehen und Nichtverstehen beschleunigt: Der Autor kann nicht mimisch widersprechen und ich kann bequemer verstehen, was ich will. Neue Spiele werden auf diese Weise gespielt, alte geraten langsam in Vergessenheit. Wer schreibt heute noch einen

Brief mit der Hand und steckt ihn in einen Briefumschlag: Das wäre ein grammatologischer Oldtimer und erobert als solcher seinen Reiz und nicht etwa, weil darin mehr Persönlichkeit zutage träte. Obgleich die neuen Spiele manche Formen von Begegnungen schmälern, geht die Welt des Gesprächs und der Begegnungen nicht unter. Im Gegenteil, die Welt wird pluraler und vielfältiger. Neue Lebensformen, neue Lebenswelten entstehen mit diesen neuen Diskursen, die nicht häßlicher sind als die meisten traditionellen Diskurse, z.B. wenn die Tante auf dem Geburtstag für den Onkel ein Gedicht vorträgt.

Zudem geht das Problem der Begegnung in der Informationsgesellschaft nur einige Menschen, keinesfalls alle an, wobei es gleichgültig ist, wieviele sich dafür interessieren. Sollten es nur wenige sein, so ist nicht das Sein in Vergessenheit geraten – um Heidegger zu persiflieren. Die Begegnung wird sicherlich zuwenig bedacht, was aber keinen moralischen Appell provoziert. Denn das Verstehen beschränkt sich auf eine Seite von Menschen. Man kann verständnislos durch die Welt rennen, d.h. man meint zu verstehen. Vielleicht waren die Verständnislosen bisher erfolgreicher. Es ist nicht gesagt, daß die Welt netter wird, wenn die *verständnisvollen Nichtverstehenden* die stärkeren würden, vielleicht eine Geschichte der Sieger schrieben. Denn der Sinn des Verstehens ist nur das Nichtverstehen, keine religiöse Hoffnung, keine säkulare Rettung der Welt.

Du kannst nicht jede Nächste lieben!

Das Gespräch braucht die Sympathie. Zumindest gewinnt es dann für manche Menschen jene Dimension, ohne die sie sich nicht zu entfalten vermögen. Insofern hat eine Rede, die ich vom Pult aus oder über den Rundfunk halte, keinen Begegnungswert. Solche Reden veranlassen hinterher Gespräche. Die Sympathie erst eröffnet die Nähe, ermöglicht die Berührung. Daher aber schränkt sie den Horizont möglicher Gesprächspartner drastisch ein: Mir ist nicht jedefrau sympathisch, ich muß nicht jede Nächste lieben. Im Verstehen verhindert die Sympathie damit gleichzeitig die Ausbreitung der Postulate nach einer Verallgemeinerbarkeit. Moderne Theorien erhoben den Anspruch auf Verallgemeinerbarkeit. Sonst hätte man sie für eine Erzählung gehalten. Mit der Mathematisierung der Naturwissenschaften brach sich diese Tendenz definitiv ihre Bahn. In vielen Bereichen, vor allem in der Medizin und in der Psychiatrie, erwuchs indes dieser Einschätzung langsam Widerstand. Man stellt Empfindlichkeiten bei manchen Menschen fest, die den allgemeinen Normwerten gegenübergestellt werden.

In den Geistes- und Sozialwissenschaften drängte sich diese Perspektive gleichfalls auf. Im Grunde ist es peinlich, daß dergleichen wiederum von den Naturwissenschaften herkommend auf die Kulturwissenschaften zurückwirkt, anstatt daß die Kulturwissenschaften längst den Generalisierungstendenzen der Naturwissenschaften entgegengetreten wären. So aber darf man sich nicht wundern, wenn die generalisierenden Ansprüche von den Naturwissenschaften selbst her in Frage gestellt worden sind: Relativitätstheorie, Quantenmechanik, Chaosforschung. Nur in der Hermeneutik herrschte immer das (analoge) Bewußtsein der Schwäche der eigenen Erkenntnis. Doch sie führte lange Zeit die Existenz des geisteswissenschaftlichen Aschenputtels, saß auf einem absteigenden Ast. Niemand hörte auf sie. So gingen von ihr keine Impulse aus. Doch wenn man die Naturwissenschaften ernst nimmt, dann zeigt ein in Europa absteigender Ast aus australischer Perspektive nach oben. Globalisierung bedeutet, daß es erstens keine geraden Linien und zweitens kein Oben oder Unten mehr gibt, daß wir auf sich bewegenden Erdschollen hocken, die auf dem Magma-Kern eines unregelmäßig sich bewegenden Planeten schwimmen. Unruhe überfällt nicht nur alles Seiende, sondern das Sein als Ganzes – eine Einsicht bereits des Pragmatisten John Dewey in der ersten Hälfte des 20. Jahrhunderts. Schon schwierig, da noch allzuviel verstehen zu wollen!

SICH UNTER FREUNDEN SELBST ERFINDEN

Daß man sich seine Freunde sucht, war immer der Fall. Daß man das aber heute zu einer Programmatik erhebt, belegt der Umstand, daß Michel Foucaults Plädoyer für einen Rückgriff auf die spätantike Ethik der Selbstsorge den Geist der Zeit spiegeln könnte. Die Illusion des Gesellschaftsdenkens, gleichgültig ob christlich oder des sozialstaatlich, verkauft die Identität des Menschen primär als Produkt seiner Umstände. Die Seele ist schon fertig, wenn der Mensch das Licht der Welt erblickt oder die Umwelt prägt sie so nachhaltig, daß sie nur zu denken vermag, was ihr Input zuläßt: In beiden Fällen bestimmt das Sein das Bewußtsein, entweder als göttliches oder als materielles Sein, die gemeinsam alles Seiende prägen und plagen. Der Mensch schöpft sich nicht selbst, sondern wird geschöpft, gleichgültig ob von Gott oder seiner Umwelt, auch wenn man über diesen eigentlich unwesentlichen Gegensatz lange gestritten hat.

Im einen wie im anderen Fall wäre der Spielraum des Individuums denkbar gering. Nun muß gegen Pascal gewettet werden.[2] Was hätte ich davon, wenn ich mich so verhielte, als wäre meine Seele fertig: Ich bliebe, wer ich bin. Im anderen Fall eröffnet sich die Chance, das sich etwas ändert – eine Veränderung an der ich irgendwie beteiligt bin, auch wenn ich nicht genau sagen kann, wie. Ich avanciere zum halbbewußten Schöpfer meiner Welt. Sollte ich das anderen Leuten überlassen, wie immer diese sich nennen? Und wenn diese Veränderung eine Illusion ist, bleibt sowieso alles, wie es schon war. Dann kann ich mich durch eine Veränderungsbemühung schwerlich zerstören. Daß es allerdings auf der Welt etwas Unveränderliches gibt, das man durch Veränderung nur zerstören kann, diese Vorstellung Eric Voegelins mutet nach Nietzsche und Wittgenstein, nach Einstein und Heisenberg, seltsam an.[3]

Nicht, daß meine eigene Schöpfung vom Himmel fiele. Von wo sollte sie da wohl herkommen – vom Mond, wenn er am höchsten steht oder wenn er gerade irgendwo weit unter mir zu suchen wäre? Natürlich beschränkt sich mein Horizont auf den des bereits Gedachten bzw. auf das, was ich erfahre, wenn ich anderen Menschen begegne. Diese Begegnungen – sowohl die mit den sympathischen wie mit den unsympathischen Leuten – eröffnen mir die Welt. Die Gespräche mit den Sympathischen spielen dabei wahrscheinlich die größere Rolle. Ich brauche die Gespräche mit meinen Freunden, um mich selbst zu gestalten, um mich selbst zu erfinden. Ich kann mich auch den Lebensvorschriften einer der großen oder kleinen Religionsgemeinschaften unterwerfen – das muß keinen Rückfall in die Kriegergesellschaft bedeuten.

INDIVIDUELLE BEGEGNUNGEN IN DER GLOBALISIERUNG

Das antike Denken bot dem einzelnen in diesem Sinne eine größere Gestaltungskraft, jedenfalls in den ersten noch-nicht-christlichen Jahrhunderten, als sich das römische Imperium konsolidiert hatte, dem einzelnen zwar die politische Partizipation vereitelte, ihn dafür aber politisch kaum in die Pflicht nahm. Das gnostische Denken spiegelt diese neuen individuellen Freiräume, die die »Sorge um sich« (Foucault) nötig machten. Im Zeitalter des globalen Kapitalismus fordert eine ähnliche Perspektive den einzelnen dazu auf, sich selbst und seine eigene Welt zu gestalten. Wollen manche Menschen unter den Bedingungen des entfalteten Ökonomismus nicht jener Einsamkeit verfallen, die die Existentialisten der ersten Hälfte des 20. Jahrhunderts beklagten, brauchen sie die Begegnung mit anderen Menschen. Dann benötigen sie die Sympathie, die Wärme und Zuneigung, die ihnen keine Gesellschaft und kein Sozialstaat liefert, sondern die sie sich selber mit anderen schaffen müssen. Das läßt sich nicht durch allgemeine Maßnahmen auf der politischen oder sozialen Ebene erzeugen (eventuell vielleicht auf der kommunalen).

Die Menschen sind auf sich selbst verwiesen. Befinden sie sich nun unter guten oder bösen Mitmenschen? Eine Antwort auf eine solche Frage braucht man nicht zu geben. Nicht einmal Machiavelli ist so naiv, eine bestimmte Anthropologie zugrunde zu legen. Zudem änderte die Antwort an der Lage nichts, daß der Mensch sich selbst erfinden muß und dazu die Begegnung braucht, die unter einem unsicheren, genauer: unter einem negativ hermeneutischen Stern steht. Ich brauche die Andere und verstehe sie nicht einmal: Das sind die reflexiven Paralogien einer sich wandelnden Moderne.

DIE ZWISCHEN VERSTEHEN UND NICHTVERSTEHEN SCHWANKENDE SYMPATHIE

Wenn sich Begegnung und Gespräch mit Sympathie verbinden, dann reduzieren sich nicht nur generalisierende Ansprüche, sondern destabilisieren sich auch die Verhältnisse während der Begegnung. Die Sympathie wechselt während des Gesprächs wie meine Launen. Denn die diversen Teile meiner multiplen Persönlichkeit tauchen in der Begegnung abwechselnd auf und ab.

Multipel ist die Person, weil ihre Einheit mit sich selbst nicht zu beschreiben und nicht zu fassen, sondern nur zu setzen ist. Die Sympathie, die so förderlich für das Gespräch erscheint, erschwert das Verstehen gleichzeitig. Sympathie schweift über das Nichtverstehen wie das Verstehen hinweg und beruht doch auf beiden.

Die Repräsentation von Sympathie – wenn ich beispielsweise jemanden für einen durchweg sympathischen Menschen erkläre – in einer vermeintlichen stabilen Einheit mäßigt dieses Schwanken, ohne es völlig aufheben zu können. Wahrscheinlich war die Psychoanalyse revolutionär für die Anthropologie, da sie den Boden für eine Schwächung und Auflösung der Identität und der Seele bereitete, Eckpfeiler der christlichen Kulturentwicklung einriß, die nicht per se falsch sind, die sich aber unter Bedingungen einer technologisch geprägten Welt überlebt haben. Ich muß in einer Welt der bewegten Bilder, der Rockmusik und der Internet-Suchmaschinen nicht mit mir selbst derselbe sein.

Für das Christentum stellt die Psychoanalyse daher eine größere Herausforderung dar als der Darwinismus, der sich das Christentum stellen muß. Denn erst die Psychoanalyse ermöglicht die Einsicht in den negativen, oszillierenden Charakter des Verstehens: der Vater wird genauso geliebt wie gehaßt. Diese Urschuld stellt die Sympathie mit sich selbst in Frage. Dieser Mangel an Sympathie ebnet den Weg, um relativ schmerzfrei auf die Einheit der Person zu verzichten. Wäre ich doch eine Andere! Aber wenn ich immer eine Andere bin, kann ich mich ohne Narzißmus-Vorwurf selber lieben, die Voraussetzung für Schönheit und für jede weitere Liebe.

Gerade dieses Schwanken der Sympathie, des Verstehens, ist wesentlicher Teil der Begegnung. Ich muß mich ihm überlassen. Sonst ist eine Begegnung unvollkommen, findet Verstehen in einem reduzierten Rahmen statt, ist Sympathie auf Höflichkeit beschränkt. Ich muß mich dem Schwanken hingeben – meinem eigenen, wie dem des Verstehens, dem der Anderen –, sonst ist das Gespräch nicht möglich, sonst spult man Höflichkeiten ab, oder es herrscht ein erzählerischer Redefluß, der Begegnung verhindert. Es gibt nämlich Menschen, die sprechen mit anderen, ohne ein Gespräch zu führen. Sie sind dabei stereotyp und distanziert dieselben. Immer freundlich zu sein, demoliert die Begegnung, verhindert das Gespräch. Begegnungen sind vollkommen, wenn die Launen mitspielen, wenn das Nichtverstehen ins Verstehen hapert und störend Mißverstehen provoziert.

Diese Vollkommenheit bleibt provisorisch. Sie ist nur relativ und aggregativ und von Fall zu Fall anders, subjektiv, also nicht in einem allgemeinen Verständnis perfekt. Wie sollte man Vollkommenheit anders als auf absurde Weise formulieren? Nichts ist absurder als Vollkommenheit; denn sie unterstellt die Einheit einer Sache, die schon, um als solche benannt zu werden, der Differenz bedarf.

DAS MIßVERSTÄNDNIS DES VERSTEHENS

Auch das Mißverstehen konstituiert das Gespräch. Manchmal wächst sich das Mißverstehen zum Wesen des Gesprächs aus, dem nur das Nichtverstehen Konkurrenz machen könnte. Denn das Gespräch oszilliert, weil ich selber nicht immer das meine, was ich sage, oder etwas bedeute, auch ohne es zu ahnen, was ich gar nicht intendiere. Häufig weiß man erstens nicht, wie man auf andere wirkt oder was man eigentlich sagt, wenn man etwas sagt. Es ist eminent schwierig, etwas genau zu sagen, und zwar so, daß nur das, was ich sagen will, und nichts anderes gesagt wird.

Wie für das Kunstwerk der Künstler nicht die Autorität zu dessen Interpretation besitzt, so bin ich schlicht nicht Herr dessen, was ich sage. Was ich damit meine, muß nicht mit dem identisch sein, was eine Andere darunter versteht. Und sie kann richtig verstanden und ich mich falsch ausgedrückt haben: Das wäre ein Extremfall, auch wenn dieser sich klären lassen sollte. Welche Mißverständnisse schleichen sich bei dieser Klärung ein? Von was wird dabei abgesehen?

Indem ich etwas sage, kann ich vorsätzlich etwas verschleiern. Dann herrscht kein Mißverständnis, obgleich die Andere etwas Falsches versteht. Sie darf sogar davon ahnen. Wenn ein Politiker etwas sagt, dann sollte man das Gegenteil des Geäußerten in Betracht ziehen. So funktioniert die politische Rhetorik. Zur Klärung muß das Mißverstehen offenkundig werden, was indes nur durch Zufall bekannt wird. Der Politiker setzt alles daran, daß sein Verschweigen nicht offenkundig wird, obwohl er es im Grunde nicht verbergen kann. Es gibt indes keine Gewißheit der Entlarvung von Mißverständnissen. Insofern ist das Mißverstehen in jeder Hinsicht unvermeidlich. Ergo, das Mißverstehen gehört konstitutiv zum Gespräch. Man kann sich nur ausdrücken, weil dabei eine Reibung von Differenzen entsteht. Diese Differenzen ermöglichen ein Verstehen der Anderen und nicht ein vermeintliches klares Einverständnis zwischen zwei Menschen. Just diese Klarheit kann sich nur vor einer Dunkelheit kontrastieren. So etwas wie Einsicht, Verstehen, Wahrheit scheint nicht im hellen Licht der Sonne Platons auf, sondern im Zwielicht zwischen Helligkeit und Dunkel auf Heideggers »Lichtung«, auf der sich die Wahrheit zeigen soll.

Zudem gleiten die Sprachspiele in unbekannte Varianten hinein, denen ich nicht mit Verständnis begegne, sondern mit Unverständnis oder Mißverständnis. Sprachspiele, das begriff Wittgenstein, sind nicht als identische zu wiederholen. Ihr Verständnis entspringt Wiederholungen, die das Sprachspiel in einer abweichenden Variante ausführen. Nur über solche Differenzen entsteht Verstehen. Die Farbe Braun – um an ein einfaches Beispiel aus dem Anfang von Wittgensteins »Philosophischen Untersuchungen« zu erinnern – lerne ich im Unterschied zu anderen Farben, durch die Differenz von Nuancen, durch die Differenzen zwischen jenen Nuancen, die die Farbe Braun in andere Farben übergehen lassen, just wo keine Sicherheit oder Einstimmigkeit mehr besteht, sondern wo im Verstehen Differenzen auftauchen. Diese Differenzen offenbaren sowohl Nichtverstehen als auch Mißverstehen: Entweder verstehe ich nicht, wie jemand diese Nuance als »braun« titulieren kann, oder ich glaube, es handle sich um Ironie oder bewußte Verdrehung. Aber nur wenn ich diesem Mißverstehen nachgehe, entbirgt sich Verstehen, obwohl sich das Mißverstehen dabei nicht wird aufbrauchen lassen.

Daher verlangt das Verstehen nach dem Mißverstehen. Es könnte keine Begegnung stattfinden, wenn im Gespräch alles klar ist, wenn nichts schwankte. Zum Glück sind selbst einfache Anweisungen nicht eindeutig, obgleich ihre Uneindeutigkeit nicht erkannt wird. Ich verhalte mich entweder aufgrund von anderen Umgebungszeichen störungsfrei, obwohl mir nicht klar ist, daß mir eine Anweisung gar nicht klar sein kann. Oder ich mißverstehe die Anweisung, verhalte mich richtig und merke daher nicht, daß mir ein Mißverständnis unterlaufen ist. Durch die Praxis läßt sich kein Verstehen definitiv überprüfen – ein bleibendes Dilemma. Höchstens kann man pragmatisch entscheiden, daß jemand häufig genug die Anweisung richtig befolgt hat, so daß man annehmen kann, daß er das weiterhin tun wird. Gewißheit bringt das trotzdem nicht. Allein diese Handlung bekräftigt eine bestimmte Interpretation der Regel, sie sei eben so und nicht anders zu befolgen.

Die Ungewißheit, das Mißverstehen öffnet das zwischenmenschliche Spiel des Verstehens, das Gleiten der Signifikanten, ermöglicht die Begegnung, erzeugt die erotische Spannung. Natürlich bleibt eine Annäherung nur solange spannend, wie sie nicht eindeutig ist.

DIE UNAUFRICHTIGKEIT ALS AUFRICHTIGKEIT

Ich bin Launen ausgesetzt, die ich nicht verstecken kann. Sie verändern meine Bereitschaft, meine Möglichkeiten, meine Weisen des Verstehens. Sartre kennt so etwas wie ein vorsätzliches Mißverstehen seiner selbst und hat es *mauvaise foi* genannt. Das wurde häufig mit Unaufrichtigkeit übersetzt. Ich bilde mir ein, jemand anderes zu sein, obwohl ich genau weiß, daß das nicht stimmt. Natürlich versuche ich, andere von dieser falschen Auffassung zu überzeugen. Wenn mir das gelingt, dann bleibt die innere Gewißheit der Lüge. Garcin versucht in Sartres »Huis clos« Estelle und Ines davon zu überzeugen, daß er als Held und nicht als Feigling starb. Manchmal möchte ich etwas vorsätzlich anders verstehen, als es sich mir andeutet, als ich es ahne. Ich kapriziere mich auf diese Weise des Verstehens und übersehe geflissentlich, daß es sich um ein Mißverstehen handelt.

Für Sartre entspricht diese Haltung nicht dem unbewußten Verdrängungsprozeß, den man aus der Psychoanalyse her kennt. Das Unbewußte Freuds, das sich störend ins Bewußtsein einmischt, aber noch mehr dasjenige Jacques Lacans, das die Signifikanten in einen Verschiebungsprozeß leitet, das also das Funktionieren von Sprache, ihre Bedeutungen und somit die Verstehensmöglichkeiten beeinflußt, legen ihrerseits eine negative Perspektive der Hermeneutik zwar nahe. Das wäre indes nur eine neurotische Theorie der negativen Hermeneutik, eine andere, oberflächliche Dimension. Will Hermeneutik in sich selbst negativ werden, muß sie über das Unbewußte hinaus zum Verstehensprozeß als solchem vorstoßen. Sie muß sich um das bemühen, was in diesem Prozeß passiert, was sich ohne eine Theorie des Unbewußten bemerken läßt. Insofern würde ich das Hapern des Verstehens nicht als eine Störung durch das Unbewußte betrachten, sondern – weil es unvermeidlich dabei stattfindet – als einen konstitutiven Teil des Verstehens selbst.

Die notorischen Fehler im Verstehen lassen das Gespräch oszillieren, das Mißverstehen und das Nichtverstehen im Verstehen. Dadurch bringen sie den Verstehensprozeß auf den Weg, an dessen Ende nicht die vollständige Transparenz steht, sondern die Einsicht in ein notorisches Wechselspiel von Verstehen und Nichtverstehen. Also ist kein Ende absehbar: Ich begegne der Anderen nur, weil ich Fehler mache, die ich nicht vermeiden kann, weil ich sie nicht verstehe, weil ich sie mißverstehe. Man könnte beinahe meinen, Nichtverstehen wie Mißverstehen sind Weisen des Verstehens. Mehr als sie kann ich schwerlich verstehen, wenn Verstehen im hermeneutischen Zirkel immer bei sich bleibt, also man nur das verstehen kann, für das man ein Vorverständnis besitzt, was man also schon versteht.

Die alte Unübersichtlichkeit der Empfindungen

Unterschiedliche Empfindungen konstituieren Begegnung und Gespräch. Der brechtsche Mond über Soho wird wohl von beiden gesehen. Die Empfindung – gleichgültig, ob romantisch verbrämt oder unromantisch entzaubert – bleibt dagegen unterschiedlich, zumindest unvergleichlich. Poesie reibt sich dabei auf, erfindet sich immer wieder neu, indem sie sich in Empfindungen verwickelt. Wollte Poesie diese vergleichen, müßte sie diese Empfindungen rationalisieren. So höbe sie sich als Poesie selbst auf. Gemeinsame Empfindungen lassen sich dichterisch nur kompliziert ausdrücken.

Jedem Menschen unterstellt man zwar den angeblich gleichen Wahrnehmungsapparat. Doch das Ergebnis desselben, die Empfindungen bleiben dunkel, abhängig von der Lebensgeschichte binden sie sich an die Situation. Man hält sie gemeinhin für individuell unterschiedlich. Ihre Differenzen kontrastieren dem objektiv gegebenen Mond, den man subjektiv in gleiche Worte fassen kann. Doch wofür die Worte sprechen, darüber darf nicht einmal richtig spekuliert werden. Weder kann ich meine Empfindung mitteilen, wie sie wirklich ist, noch werde ich jemals erfahren, was die Andere empfindet. Insofern lebt man mit der großen Ungewißheit, die sich nicht abklären läßt. Wahrscheinlich kann man diese Differenzen nur in der Kunst zum klingen bringen.

Vermeintlich gleiche Empfindungen lassen sich erzeugen, zumindest einreden, rhetorisch und hermeneutisch evozieren. Leni Riefenstahls Film »Triumph des Willens«, überhaupt die totalitäre Ästhetik zielt darauf ab. Sie will Einheit unter den Vielen als Masse erzeugen. Einheit ist nämlich nicht, schon gar nicht auf der Ebene der Gefühle und nicht einmal auf der Ebene der Vernunft, seit sie sich kritizistisch gebärdet und individualistisch ausläuft. Trotz aller gegenteiliger Bemühungen entblättert das Denken des 20. Jahrhunderts den Allgemeinheitsanspruch der Vernunft und kapriziert diese auf das Individuum, das Ereignis, den Augenblick. Einheit wird also erzeugt: durch Lenkung, Hierarchien, Schwarz-Weiß-Malereien, Entscheidungen. Ansonsten – will man sie kooperativ erreichen – erweist sie sich als mühselig, schier unmöglich. Denn Kooperationsbemühungen scheitern daran, daß sie diese Einheit sprachlich unterstellen, daß sie von einer möglichen Einheit ausgehen, die in der Sprache nicht konterkariert werden darf. Doch just diese Hürden lassen sich nicht überspringen. Der Mensch lebt in dieser Sprache, die sich nicht beherrschen läßt, die kein Instrument ist, die sich auf logische Strukturen besser einrichten läßt als auf die Welt der Gefühle. So hat man sich mit den Differenzen zu arrangieren.

STAUNEN UND ACHTUNG ANSTATT TOLERANZ

Differenzen – gleichgültig, ob sie der individuellen Gefühlswelt oder diesem fatalen Spiel entspringen, das die Sprache mit dem Menschen spielt – sind kein Nachteil, sind nicht beklagenswert, führen nicht in den Bürgerkrieg der Sprache, wie es Lyotard unterstellt. Man hat die Differenzen, den Widerstreit der vielen Sprachen nicht bloß auszuhalten oder zu tolerieren, im Gegenteil. Der Widerstreit ist ein Zusammenspiel der Differenzen, eine Eröffnung der Pluralität, die Manifestation der Vielfalt. Daher sollte man aufhören, immer verstehen zu wollen. Man muß das Staunen und die Achtung vor der Anderen lernen und nicht nur die Toleranz. Daß man eine Sprache nicht adäquat in eine andere übersetzen kann, daß man noch weniger Empfindungen sicher ausdrücken und verstehen kann, ist kein Mangel der Sprache, sondern birgt Chancen zu einer bunten, chaotischen Welt, in der die Sprache das Chaos vergrößert und nicht verkleinert. Daß Sprache sich in keiner Weise wiederholt, selbst dort wo einer immerzu dasselbe sagt, erschwert das Leben, variiert und bereichert es aber auch.

Gespräche sind am Ende, wenn der eine dem anderen nur noch beipflichtet. Das mag ja ganz wohlig, kuschelig und harmonisch sein. Es handelt sich doch um Selbstbetrug. Man sollte merken, daß die Wiederholung der vermeintlich gleichen Empfindung neue Differenzen entbirgt, neue Varianten des Mondes über Soho. Sonst endet die Begegnung im beredten Schweigen, das zwar ein mystisches sein kann – vielleicht versteht man sich ja wirklich –, aber meistens das Endes des Gesprächs anzeigt: Man hat sich nicht einmal in kleinsten Varianten etwas Anderes bzw. Neues zu sagen bzw. will nichts hören, als immerzu dasselbe. Begegnungen können länger dauern: Man geht nicht sofort nach Hause, wenn das Schweigen herrscht, man ist höflich. Oder man sucht krampfhaft ein neues gemeinsames Thema: das Wetter und die Hobbys. Oder man beschäftigt sich mit einer gemeinsamen Praxis, beispielsweise mit Kindern, dem üblichen Ausweichprogramm, um das Schweigen zu vermeiden. Sie machen an sich schon genug Krach, so daß keiner mehr das Schweigen hört.

DAS KÄUFLICHE WIR-GEFÜHL: DIE FAMILIE

Begegnungen lösen sich auf, wenn die Spannung der Differenz verfliegt – das Dilemma von langjährigen Paaren, die sich eigentlich trennen müßten, die es aber geschafft haben, die Differenzen vergessen zu machen und meinen eins geworden zu sein, ein Wir gebildet haben, eine vermeintlich gemeinsame Empfindung. Der Wahnsinn des Wir ist nur Ausdruck einer Vermeidungsstrategie, sich begegnen und miteinander sprechen zu müssen. Dabei könnten Differenzen deutlich werden, die zeigen, daß es mit den Blutsbanden soweit her nicht ist. Verarmter Adel geht schnell unter. Nur wenn ein Schloß da ist, funktioniert das generative Wir der Familie. Welche Arbeiterfamilie kann ihre Herkunft bis ins vorletzte Jahrhundert zurückverfolgen? Also kein Wir; keine Familie ohne Geld. Man kauft sich so etwas. Auf Verstehen, besser auf Nichtverstehen beruht weder das Wir noch die Familie.

BEGEGNUNGEN MIT GOTT

Die Menschen sind nicht gleich. Bestenfalls stehen ihnen ähnliche Güter und Rechte zu – ein spezielles Problem im politisch-sozialen Raum, das die Philosophie des 19. und des 20. Jahrhunderts bewegte. So mögen denn manche Menschen Begegnungen brauchen, um sich zu entfalten, aber bestimmt nicht alle. Wenn es anders wäre, raubte es dem Ethos der Begegnung auch seinen Charme. Jedenfalls können einige Menschen gut auf die Begegnung verzichten: Leute, die in die Wüste gehen, oder in den Weltraum, oder die Zuhause bleiben. Gerade dann kann man Begegnungen übergehen, wenn man in sich selber ruht und sich auf seinen innersten Kern beruft. Was will man mehr? Solchen Leuten soll man denn auch das Ethos der Begegnung nicht aufschwatzen.

Die Kulturentwicklung hindurch wurde eine solche Identität geradezu gezüchtet und gestärkt. Die Antike war daran beteiligt, wahrscheinlich an vorderster Front die sokratischen Schulen, die die Lust dem Denken überließen. Das Christentum und seine Seele, die es von allem Sündhaften zu reinigen gilt, hat ebenso die nach innen zentrierte Identität verfestigt: Des heiligen Augustins berühmte Aufforderung: *Kehre in dich ein!* Damit verbunden die Unterstellung, die Wahrheit sei innerlich: Wenn ich die Welt oder die anderen Menschen verstehen will, muß ich mich von diesen abwenden, muß in meinem Inneren nach Gott suchen und dann endlich... werde ich das unverständliche Chaos da draußen verstehen können. Ich kann die Welt nur verstehen, unterstellt die Identitätsphilosophie bis hin zu Freud, wenn ich innerlich gefestigt bin, einen festen eigenen Maßstab habe, wenn ich Gott und mir selbst begegnet bin. Dann löst sich mir das Chaos der Welt in einer großen Erklärung auf – der Triumph des Monotheismus über den Polytheismus, der nur noch mystisch überschritten werden kann, was dann aber nicht mehr zum Erklären gereicht.

Aber warum brauche ich eine einzige Erklärung der Welt? Was sagt mir die Weltformel? Woher sollte ich mir überhaupt sicher sein, welche der vielen Stimmen in mir – auch die um mich herum – die göttliche ist? Vielleicht sind es wirklich die Stimmen verschiedener Götter. Mit mystischem Zauber zur Ermittlung der vermeintlich wahren Stimme des richtigen Gottes wird ein rationaler Protestant sich nicht zufrieden geben. Schon gar nicht könnte ich als Kind der Aufklärung akzeptieren, wenn das jemand anderes für mich entscheidet. Warum sollte ich jemandem eine besondere Stellung und eine sichere Gewißheit in solchen Fragen zubilligen? Lieber falle ich allein auf mich gestellt in die Odelgrube, als mich von einem Vater darum herum führen zu lassen. Mit dieser zweifellosen und doch nicht vermeidbaren Hybris der Moderne kehrt der Polytheismus wieder, den Max Weber als Geist der Moderne ankündigte. Warum führte das Papsttum wohl die Unfehlbarkeit ein? An dieser Situation geistiger Zerrissenheit vermochte es trotzdem wenig zu ändern.

Dann muß ich mich also in der Welt selbst umschauen und fragen, wohin es mich zieht, was mich interessiert, was mir gefällt, Vergnügen bereitet, vielleicht glücklich macht. Und müßte wohl bodenlos entscheiden, für welchen Gott ich plädieren will. Ein zureichender Grund für den einen oder anderen läßt sich jedenfalls nicht sagen. Ich kann aber auch darauf verzichten und mir über das Wort Gott keinerlei Gedanken machen, außer daß ich es als Kulturphänomen verstehe, als welche es die Vorstellung von Gott zweifellos gibt, aber wohl nicht notwendig in Ewigkeit. Es handelt sich also um einen vorgestellten Gott, den man auch nicht unbedingt anbeten muß, von dem man keine Hilfe erwarten kann und dem gegenüber man schon gar kein schlechtes Gewissen haben muß – der also keine notwendige, sondern nur eine arbiträre Orientierung (er)gibt. So bin ich auf meinem Floß allein – vielleicht sind es verschiedene Flöße oder keine. Ich treffe hier und dort andere Menschen in ähnlich normaler Lage: verworren, doch das ist nicht besonders beunruhigend. Gelegentlich gelingt es, ein Gefühl von Nähe und Berührung, von Verstehen auf dem schwankenden Floß zu spüren – meist nur vorübergehend, für den Augenblick, der verweilen soll und sich doch entzieht, wenn die Nähe entschwindet und statt dessen wieder der Kannibalismus ausbricht. Es gibt ja viele andere Menschen mit einem anderen Seinsverständnis, das manchmal massiv autoritär mit dem Scheiterhaufen droht, wenn man ihnen nicht zustimmt.

DIE GEMEINSAME EINSCHÄTZUNG ALS WIEDERHOLUNG VON DIFFERENZEN

Die unterschiedliche Empfindung ist evident und manifestiert die Differenz als Motor des Gesprächs. Doch den stärkeren Antrieb erhält das Gespräch aus Differenzen, die schier aus ihrem Gegenteil hervorzugehen scheinen. Die gemeinsame Einschätzung gehört zum Gespräch. Aus ihr ergeben sich erst die Differenzen, die das Gespräch harmonisch werden lassen. Harmonie im Gespräch ist nicht ein gegenseitiges Geben und Nehmen, wie es sich Hans-Georg Gadamer vorstellt.[4] An dieser Stelle folgt er einer sehr harmonistischen Vorstellung von Hermeneutik. Nach Nietzsche und Heidegger beschränkt sich die Hermeneutik auf kein Verstehen mehr, schon gar nicht in den Kulturwissenschaften. Sie ist ausgeufert: Man könnte von einer hermeneutischen Auflösung von Weltbildern sprechen, wenn die Welt als objektives Abbild fragwürdig wird. Insofern heißt Hermeneutik Einsicht in die Schwäche des Wissens, Skepsis, die immer wieder in die Vergangenheit hinein fragt, ob es nicht noch andere Möglichkeiten der Interpretation gibt. Zu häufig hat die Menschheit erlebt, wie sich ihr vermeintlich richtiges Wissen als Illusion entpuppt. Hermeneutik heißt heute, just dieses Nichtverstehen von Welt in den Weltbildern ernst zu nehmen, dergleichen nicht als schlichten Fortschritt zu begreifen – eine naheliegende Vorstellung, auf die man liebend gerne ausweicht, weil man dann weiterhin borniert zu sich selbst und seinem Weltbild stehen darf –, sondern als Wiederkehr desselben Fehlers, den man hermeneutisch vermeiden könnte.

Harmonie entspringt den Differenzen. Das mag paradox klingen. Aber die reine Übereinstimmung läßt kein Gespräch entstehen. Reine Übereinstimmung hieße, daß ein »a« einem anderen »a« gleiche. Übereinstimmungen sind nur als Differenz möglich. Sie entfalten ihre kommunikative Kraft, dort wo sie auf die Differenz verweisen. Das ist nicht nur ausnahmsweise und gelegentlich möglich. Das ist überhaupt die Struktur von Übereinstimmung – man denke an die generelle Schwierigkeit, die Andere zu verstehen. Denn eine Einschätzung, die einer Anderen ähnelt, wiederholt diese. Doch in der Wiederholung steckt die Differenz, jene Differenz des schlicht zeitlichen Nacheinanders wie die der formulierten Verschiebung, gleichgültig ob in der Wortwahl, dem Tonfall, der Geste oder einer ähnlichen Perspektive. Die Wiederholung entbirgt – entgegen der traditionellen philosophischen Auffassung – die Differenz, nicht die Identität: eine deleuzeianische Einsicht, die bisher zu wenig wiederholt worden ist.[5] Nichts ist mit sich selber identisch. Alles fließt, sagte Heraklit. Zwei Gegenstände sind als gleiche unterschiedlich, wiederholen bestenfalls gemeinsam eine technische Idee. Das Sein als göttliches Ganzes besitzt keine Stabilität oder Kontinuität: Der Kosmos bewegt sich. In der Verbindung von Differenz und Wiederholung erscheint die Identität als Differenz. Die Identität repräsentiert nur eine ewige Wiederkehr von Differenzen. Daher ist das Verstehen nicht als Repräsentation von Identität, sondern als Wiederholung von Differenzen zu entwerfen, also als Wiederholung von Nichtidentischem. Just in den gemeinsamen Einschätzungen werden die Differenzen, das Nichtverstehen, das Mißverstehen hörbar. Also auch keine wirkliche Differenz, kein Spüren der Differenz ohne gemeinsame Einschätzungen. Nur wenn zwei Menschen dasselbe sagen, dann kann man hören, daß sie nicht dasselbe gesagt haben. Nichts in der Sprache wiederholt sich. Man kann nichts zweimal sagen. Daher die Bemühung der Dichtung, aus der Sprache ein Gedächtnis, einen Speicher zu machen, beispielsweise durch den Reim. Noch dazu, wenn diese Einschätzungen während eines Gespräches bei jeder Wiederholung anders klingen, sei dies scheinbar auch nur launenabhängig, sei es dadurch bedingt, daß in jedem Gespräch sich laufend die Nuancen verschieben. Aus diesen nuancenhaften Verschiebungen gewinnt ein Gespräch besagte Harmonie, besonders, wenn die Stimmungsschwankungen zu gegenseitigen Wiederholungen derselben Einschätzung reizen. Harmonien – sollen sie nicht kitschig wirken – beruhen auf Dissonanzen, Einverständnis auf Differenzen. Ohne Gegensätze gäbe es nichts zu vereinen im Verstehen.

Wenn ich sage »Mit der habe ich mich gut verstanden«, dann habe ich nicht etwa alles verstanden. Wenn ich mich mit jemandem gut verstanden habe, dann habe ich sie vielmehr nicht verstanden bzw. wir haben unsere Differenzen abgeglichen. Aber hinter diesem Abgleichen steht kein Erfassen der Differenzen, sondern der Abgrund von deren Unerfaßbarkeit, die permanente Verschiebung, die Unmöglichkeit von Wiederholung in der Wiederholung. Die Andere ist also auch nicht über die Differenzen wirklich zu verstehen. Aber in den Differenzen ist etwas Vages, Unscharfes, Oszillierendes zu entdecken. Es hat sich zwischen uns die Andersheit, eine Differenz gezeigt, nämlich just aus den Wiederholungen heraus, die unbesehen vorgaukeln, wir hätten alles verstanden, wir wären einer Meinung, während vielmehr laufend Abweichungen stattfanden. Es sind die Abweichungen, die ein Gespräch harmonisch erscheinen lassen. In einem guten Gespräch offenbart sich die Andersheit der Anderen, wenn man das Gefühl hat, sich mit jemandem wirklich ausgetauscht zu haben. Die Andersheit der Anderen zu verstehen, hat sich als unmöglich erwiesen. Wenn man sich Geschichten erzählt hat, ohne daß man auf einander eingegangen ist, dann war das kein persönliches Gespräch.

Aber gemeinsame Einschätzungen gehören auch zur Begegnung und zum Verstehen. Ich freue mich, wenn ich einem Menschen begegne, mit dem ich Einschätzungen teile, wiederhole, über jene Differenzen gleite. Ich bin jedenfalls harmoniebedürftig, wiederholungsbedürftig, d.h. differenzbedürftig.

ICH BIN EINE ANDERE, EINE BELIEBIGE ANDERE

Mit meinesgleichen findet keine Begegnung statt. Aber ich kann mich verstehen. Damit hat man normalerweise keine so großen Probleme. Solche Sätze gelten für ein traditionelles Verständnis der Person.

Die Mutmaßung liegt nahe, daß ich mir in einem posttraditionalen Verständnis vom Menschen selbst begegnen könnte: Ich kann mich nämlich nicht verstehen. Das heißt, wenn ich mich verstehe, dann mißverstehe ich mich, wenn ich nicht immer derselbe oder nicht immer nur einer bin und so vielleicht viele sein könnte. Ich kann mich also gelegentlich nicht verstehen. Wahrscheinlich verstehe ich mich sowieso nicht. Just deswegen kann ich mir selbst als einer Anderen begegnen, die ich nicht zu verstehen vermag.

Aber muß ich mich denn selbst verstehen? Reicht es nicht, wenn ich irgend etwas von der Welt verstehe? Was soll ich von mir verstehen? Im Bauch ist es Dunkel und im Kopf ein Durcheinander von Gedanken, wenn man sie so nennen darf. Was ich von mir kenne, habe ich zufällig angetroffen, oder in mir von Welt- und Menschenbildern evozieren lassen: Ich bin ein Konstrukt aus vielerlei. Hinter dieser bunten Fassade herrscht das Chaos. Aber beides zusammen ergibt die Freiheit, die im Nichtverstehen und nirgends sonst ihr Ethos gewinnt.

Das Streitgespräch der Liebenden

Da es im Gespräch nicht nur um die Begegnung, sondern in der Begegnung um die Differenz geht, gewinnt das Gespräch eine besondere Qualität im Streitgespräch. Streiten dürfen auch Freunde, selbst Liebende. Schließlich kann im Streit sogar Harmonie herrschen, in jenem Sinne, daß Harmonie bloß Differenzen wiederholt. Vielleicht führt der Streit zu einem Konsens, der dem Zufall entspringt und der sicherlich nur eine Weile andauert. Dieser zufällige und vorübergehende Konsens bedeutet, daß Differenzen markiert wurden. Das mag den Beteiligten nicht bewußt werden, vielmehr mögen sie glauben, daß sie wirklich einer Meinung sind, wenn man sich im langsamen aufeinander Zugehen einigt, Schritt für Schritt jeder seine Position ein wenig ändert. Das ähnelt Vertragsverhandlungen. Doch in Begegnungen entstehen keine solchen Verträge.

Regeln, wie ein Streit entschieden wird, muß man erfinden. Weder die Sprache noch irgendeine Natur – einstmals vielleicht Gott; man denke an das kanonische Recht – geben sie vor. Zweifellos vermag man sich auf Regeln zu einigen. Die konstruktivistische Erlanger Schule des Paul Lorenzen hat dergleichen versucht. Doch sie gab dieses Unterfangen auf und zerfiel. Solche Regeln sind wahrscheinlich unpraktisch, weil sich nur diejenigen darauf einlassen werden, denen diese Regeln nützen. Selbst jenseits solcher Unterstellungen vergißt man die Regeln leicht oder es verweigern sich ein paar wichtige Leute der Einigung aus nichtigen oder eitlen Gründen. Hat die Kulturentwicklung wirklich dazu geführt, daß man heute relativ höflich und gesittet miteinander streitet? Man schießt verhältnismäßig selten aufeinander, wenn aber, dann in der Tat um so heftiger. Wahrscheinlich gibt es intuitiv angeeignete Regeln des Gesprächs, die das Gespräch eröffnen, es jedoch strategisch kaum beenden. Deren vager Rahmen läßt sich von den Beteiligten ändern. Insofern ist die Perspektive eines Konsens in der Tat chaotisch. Regeln fehlen.

Man spricht im Deutschen davon, daß ein Streit zu schlichten sei. Selbst wenn unter bestimmten Umständen überzeugende Schlußfolgerungen auftreten, so entspringen sie der Situation. Laufend ändern die Beteiligen solche Schlußfolgerungen oder akzeptieren sie nicht. Oder sie werden irgendwann bloß hingenommen, wenn man aus anderen Gründen bereit ist, den Streit zu beenden. Der Konsens kann daher gar nichts Anderes sein als ein Ereignis, das vom Zufall beherrscht wird. Man kann in der Sprache Strukturen ausmachen. Sie hat eine Grammatik und eine Syntax, auch eine Semantik. Die Sprachwissenschaft entwirft Sprache auf diese Strukturen hin. Trotzdem mangelt es an Wegweisern zu einem Konsens. Wo soll der geordnete Übergang von einem Satz zum nächsten zu finden sein? Was Anderes als der Zufall durchherrscht das Sprechen und Verständigen selbst dort, wo Regeln zu erahnen sind? Die Wissenschaftstheorien des 20. Jahrhunderts haben sich an diesem Problem abgearbeitet.

HOFFNUNGEN AUF DEN ZUFALL

Aber vielleicht lassen sich die Bedingungen des Zufalls beeinflussen – das wäre nicht das Schlechteste. Kant hat zwar schon festgestellt, daß es keine Gewähr dafür gibt, daß der Tugendhafte glücklich wird. Aber zumindest ist die Tugend einen Versuch wert, mit ihr in das Spiel der Fortuna einzugreifen. Es wäre nur zu hoffen, daß derartige Eingriffe nicht notorisch kontraproduktiv sind. Dann hofft man, daß das Chaos nicht vollkommen ist, sondern sich in ihm gewisse Strukturen bilden. Man hofft, in einer Welt zu leben, die nicht völlig ohne Gott ist, wie es sich Albert Camus vorstellte und weswegen ihm nichts Anderes als eine blinde Auflehnung blieb. Eine Hoffnung, die kein gutes Argument für Gott oder dessen Existenz wäre. Man kann nur hoffen, daß man nicht ganz blind ist, was nicht gegen die Existenz Gottes spricht.

DIE WAHRHEIT DES WIDERSTREITS

Der Streit braucht am Ende keinen Konsens, sondern eine Form, die ihn aufrecht erhält. Ja, die Differenzen müssen vor zufälligen und vorübergehenden Konsensen geschützt werden. Im Streitgespräch entfalten und entbergen sich die Differenzen, ohne die eine Begegnung nicht denkbar ist. Begegnung und Verstehen brauchen eine Kultur des Widerstreits, und zwar nicht so sehr, weil man die Pluralität schützen will, sondern um der Wahrheit willen, verbunden mit einer seltsamen metaphysischen Hoffnung, die man eigentlich nicht hegen darf, nämlich daß aus der Wahrheit das gute Leben leichter folgen könnte als aus der Unwahrheit. Wahrheit heißt dann nicht mehr Übereinstimmung von Aussage und Sachverhalt, nicht nur deren Differenz, sondern die Produktion von beliebig vielen Differenzen zwischen Aussage und Sachverhalt.

Wenn die Differenz die Begegnung ermöglicht, geht es in der Kultur des Widerstreits um den Schutz der Differenzen, um daraus folgend das Verstehen bzw. das Nichtverstehen zu ermöglichen. Begegnung im Status und unter dem Anspruch des Nichtverstehens scheint eine wesentliche Bedingung für ein gutes Leben zu sein, zumindest für manche Leute, die sich nicht zu verstecken brauchen, obgleich daraus kein Anspruch auf die Umwertung aller Werte folgt. Das wäre nur die Verlängerung der Verteidigung der Weltbilder. Ein solches Ansinnen unterstellte, daß man die besseren Werte hätte und daß sich von diesen und von der Wahrheit ein kürzerer Weg zum Glück abzeichnete. Werte aber hat man immer nur für sich, nie an sich. Zudem weiß man nicht einmal, ob diese für einen selbst gut sind, und wenn: Für welchen von den vielen in mir?

DIE FLUCHT VOR DER EIGENEN GÖTTLICHKEIT

Was kann mich an der Anderen anderes interessieren als ihre Eigenarten? Etwa ihre Einheit mit der Menschheit? Ihre Identität mit einer Vielzahl von unangenehmen Menschen, gar von sehr unsympathischen? Dann wäre sie austauschbar. Manche werden anderer Auffassung sein. Diese interessieren sich weder für eine Begegnung im negativ-hermeneutischen Sinne, noch für die Eigenarten, sondern für den Vorbildcharakter, den jemand für viele andere oder die ganze Menschheit einnimmt.

Ich will keineswegs der Theorie von der Einzigen auf der Welt das Wort reden. Doch mir geht es in der Begegnung um die Besonderheit und nicht um die Allgemeinheit, um die Differenz und nicht um die Identität – und in diesem idealistischen Sinne um die Unmenschlichkeit und nicht um die Menschlichkeit. Wie sollte man sich denn selbst begegnen können? Dazu müßte ich eine Andere sein. Aber vielleicht geschieht mir dergleichen.

Die hegelsche Gemeinschaftsorientierung hat aus der Perspektive einer allgemeinen Sittlichkeit zweifellos recht. Allerdings: Wer wäre in der Lage, einen solchen Standpunkt einzunehmen? Wer erzieht die Erzieher? Wüßte der, wovon er redet? Und selbst wenn ich dergleichen metaphysische Illusionen akkreditiere (natürlich nur aus pragmatischen Gründen): Es gibt keinen Grund, warum jemand einen solchen Standpunkt einnehmen muß. Dankbarkeit gegenüber den Eltern kann gelegentlich angebracht sein. Einen Handel mit Institutionen habe ich ursprünglich nicht gewählt. Er wird mir aufgezwungen; ich kann in ihn einwilligen und mache das gelegentlich. Vor mir selbst, gegenüber meinen eigenen Urteilen über mich, d.h. vor meinem eigenen Ethos, darf ich mich ihm entziehen, wie ich aus der DDR fliehen durfte oder aus einer Armee von Wehrpflichtigen jederzeit desertieren darf, ohne daß diese einen ungerechten Krieg führt, sondern allein weil ich es bin, der beurteilen und entscheiden muß, ob mir eine solche Tätigkeit gefällt oder nicht. Aus der hitlerschen Armee zu desertieren, das war sowieso mehr als ehrenhaft (Ehre, ein komischer Wert aus einer dubiosen Vergangenheit überliefert), es war vernünftig. Es kann sein, daß ich meine Freunde verteidigen will. Vielleicht will ich sie aber nicht verteidigen und nehme durchaus den Vorwurf in Kauf, für sie kein guter Mensch zu sein. Ich wüßte nicht, wen ich außer meinen Freunden verteidigen sollte. Etwa den Chiemgau?

Mein Ethos obliegt mir zwangsläufig selbst, auch wenn ich es mit anderen abgleiche. Aber letztlich muß ich darüber entscheiden, ob ich an den katholischen, den protestantischen, den islamischen oder gar keinen Gott glauben will, ob ich gar nicht glauben will oder ob ich mich selbst dieser Entscheidung noch entziehe, ob ich die Frage gar nicht beachte. Wenn die Weltbilder fragwürdig werden, dann steht auch der Wert von »glauben« in Frage. Und wenn ich Lust habe, mache ich eine getroffene Entscheidung selbst über solche vermeintlich wichtigen Fragen jederzeit rückgängig und glaube einfach. Keine Unterwerfung unter einen Messias, einen Papst, Bischof oder Sektenführer hilft da weiter: Ich kann mich nicht so unterwerfen, daß ich diese Entscheidung nicht rückgängig machen könnte. Ich kann nicht unterworfen werden, schon gar nicht durch Gehirnwäsche. Sartre hat recht: *Ich bin noch vor dem Henker frei*. Deswegen opfern manche Menschen ihr Leben, just damit sie von dieser eigenen Göttlichkeit befreit sind.

WENN DAS ALLE TÄTEN? ES TUN NICHT ALLE!

Aristoteles hat erkannt, daß es eine voll entfaltete ethische Beziehung nur unter Gleichgestellten geben kann. Aber die hierarchische Beziehung kennt auch ethische Probleme: Natürlich kann ich mit Untergebenen und Abhängigen auf menschliche oder unmenschliche Weise umgehen. Aber die eigentliche ethische Herausforderung findet dort statt, wo ich die Verantwortung für die Andere frei wählen kann.

Die kantsche Morallehre als Ethik der großen Apparate erhebt dagegen die freiwillige Unterordnung zum zentralen Problem. Sie zielt auf Allgemeinheit und Einheit ab. Das Militär beispielsweise will uniform die Differenzen ausschließen. Sowohl der Untergebene als auch der Vorgesetzte verdrängen die Differenzen, die der Andersheit der Anderen entspringen. Sie stützen sich auf formelle Differenzen, die gerade keine sind.

Natürlich eröffnen sich innerhalb hierarchischer Ordnungen diverse Spielräume, die gewisse Differenzen zulassen. So räumt das deutsche Militär seinen Einheiten und den sie Kommandierenden traditionell einen relativ großen eigenen Entscheidungsspielraum ein. Aber das ändert nichts daran, daß die Ethik der Apparate eine andere bleibt als die der Andersheit und des Verstehens. Befehle versteht man nicht. Dann würde man sie erst interpretieren, also ihren Differenzen nachspüren. Verstehen kann man nicht erzwingen und schon gar nicht Nichtverstehen. Befehlen dagegen gehorcht man. Ich persönlich verstehe nicht, wie man das tun kann. Niemals würde ich Befehlen gehorchen, jedenfalls nicht solchen, denen man nur unter Gefahr für Leib und Leben entgehen kann. Aber glücklicherweise sind Leute dazu bereit, obgleich man militärischen Drill und Disziplin durchaus in ihrer Bedeutung für die militärische Effizienz bezweifeln darf. Warum sollten Soldaten keine langen Haare haben? Warum sollten Soldaten überhaupt marschieren und eine Uniform tragen? Keinesfalls – das ist beruhigend – muß jeder in einer arbeitsteiligen Gesellschaft alles machen. Dafür gibt es heutzutage Spezialisten, von denen viele riskante Jobs tun, z.B. Stuntmen – und nicht jeder muß einen Dienst als Stuntman leisten, obgleich fast jeder mehr mit dem Kino als mit der Armee zu tun hat.

Die Begegnung gestaltet sich in hierarchischen Beziehungen jedenfalls schwierig. Es gehört zur besonderen Fähigkeit der großen Apparate, Begegnungen auch unter hierarchischen Bedingungen zu ermöglichen. Hier gibt es ein breites ethisches Potential wie Engagement – wegen der hier größeren Schwierigkeiten als in nichthierarchischen Verhältnissen. Daher die vielfältige Thematisierung. Daher die gleichbleibende Aktualität Kants. Schließlich herrschen heute fast überall hierarchische Beziehungen vor. Ein Ende ist nicht absehbar, da die technische Welt global geworden ist und immer größere Menschenmaschinen entstehen. Weil die Menschen, von welcher Natur aus auch immer, nicht gleich sind, evoziert das doch das ethische Alltagsproblem schlechthin, das ich meinerseits indes meide, wo ich nur kann. Wenn das alle täten? Es tun nicht alle!

Die nichthierarchische Beziehung ist insofern eine fragwürdige Utopie. Denn verlangt das Ethos heute wirklich, die Hierarchie zu entkräften, sie aufzuheben? Das galt jedenfalls sicherlich nicht in jener Kriegergesellschaft der ersten Hälfte des letzten Jahrhunderts, in der das Wort »Zivilist« noch diskreditierte. Die Zivilgesellschaft der zweiten Hälfte schwächte zwar die hierarchische Beziehung in ihrer orientierenden Kraft, doch herrschen weiterhin hierarchische Strukturen, an denen sich Individualisierungsansprüche reiben. Der autoritäre Charakter ist zwar allenthalben gefragt und wird besser bezahlt, aber ein besonderes Ansehen besitzt sein Modell immerhin nicht mehr, wenn er es nicht versteht, zumindest zeitweise Hierarchien bedeutungslos erscheinen zu lassen: Der Chef auf dem Betriebsausflug. Wie auch immer: Man begegnet sich in hierarchischen Verhältnissen höchstens mit besonderer Anstrengung. Das aber könnte durchaus deren ethische Qualität ergeben. Trotzdem mag die Utopie der nichthierarchischen Beziehung aus diesen Gründen auch fragwürdig sein. Ich für meinen Teil orientiere mich lieber am Fragwürdigen als am Normalen, an einer Ethik der wenigen als an einer der vielen. Das tun ja schon genug.

Vielleicht äußert sich in diesem Begegnungsanspruch, der durchaus zur Fähigkeit von Führungskräften gehört, auch nur eine weitere Variante sozialer Kontrolle. Wenn erst die Polizei die Vorteile der negativen Hermeneutik erkennt, dann will sie nicht mehr verstehen. Das hat sie dann nicht mehr nötig. Oder sie forscht das Nichtverständliche aus. Und ist man als Protestant oder als Katholik besser dran? Die eigene Andersheit offen zu zeigen, das ist ein protestantisches Verhalten und erlaubt Einsichten, die die Polizei manchmal nicht erlaubt, die manchmal besser verhindert worden wären. Klar, wer unter solchen Umständen nach Stabilität strebt, der braucht gegenüber der Polizei die methodische Lebensführung des asketischen Protestantismus.

Andererseits kann man Max Webers religionssoziologischen Einsichten folgen, ohne dessen Werte der Sachlichkeit in allen Lebenslagen zu übernehmen bzw. ohne die Sachlichkeit schematisch auf alle Lebenslagen anzuwenden. Dann heißt Offenheit weniger, die eigene Andersheit bzw. die Differenzen zu präsentieren, sondern sich dem Oszillieren des Lebens zu überlassen. Mag sein, daß sich das nicht jeder leisten kann, aber ich will nicht jedem gute Ratschläge geben. Mir ist nicht jeder sympathisch. Das bedeutet nicht, daß ich nicht schon unsympathischen Menschen gute Ratschläge gegeben hätte.

Verstehensspiele hinter der Maske der Antipathie

Natürlich begegne ich lieber sympathischen Leuten. Aber was wäre das für eine Welt der Langeweile, in der man nur noch sympathische Leute trifft. Sokrates stellt in Platons »Phaidon« fest, als ihm am Morgen im Gefängnis die Fesseln abgenommen werden, daß es ein gutes Gefühl ist, wenn das Blut wieder ungehindert durch die Adern fließt, was nur dadurch bemerkt wird, weil man zuvor Schlechtes empfand. Doch man muß nicht unbedingt Leuten begegnen, denen gegenüber man eine *Antipathie* empfindet, damit man sich wieder auf die sympathischen Menschen freuen kann. Das wäre kein Problem der Begegnung. Schließlich ist sich jeder selbst gelegentlich unsympathisch. Ich muß nur gelegentlich mir selber begegnen. Das soll vorkommen.

Jedenfalls stellt die Sympathie keine Bedingung der Begegnung oder des Gesprächs dar. Ich verstehe nicht nur sympathische Leute, während unsympathische mir unverständlich bleiben. Die Antipathie ist nicht, weil hier die Differenzen leichter zum Ausdruck kämen, die wahre Heimat von Gespräch und Begegnung. Dann müßte ich antipathische Menschen leichter als sympathische verstehen. Es ist auch nicht umgekehrt, wie man geneigt sein könnte zu folgern: Wieso sollte ich bei antipathischen Menschen schneller merken, daß ich sie mißverstehe, und insofern eher Einsicht in mein eigenes Verstehen bzw. Nichtverstehen erwarten dürfen? Das Spiel der Differenzen öffnet das Gespräch für jede dieser Gefühlsformen. Ich kann ein gutes Gespräch mit Menschen führen, die entweder unsympathisch sind oder denen ich relativ neutral gegenüberstehe. Ich begegne ihnen in der gleichen Weise. Diese Argumentation kann ihre Herkunft in der christlichen Tradition der Nächstenliebe schwerlich verbergen.

Im Grunde gilt für die Antipathie das Gleiche wie für die Sympathie, weil es in der Begegnung um Differenzen geht, weil sich diese Differenzen in der Antipathie nicht bevorzugt verstecken. Verstehen kann sich auch der Antipathie bedienen. Ich kann Menschen begegnen, die ich nicht sympathisch finde, vorausgesetzt ich verberge diese Antipathie nicht hinter den Formen der Höflichkeit. Aber ich bin keineswegs genötigt, den mir Unsympathischen diese Einschätzung ins Gesicht zu sagen, um ihnen zu begegnen, mit ihnen das Spiel von Verstehen und Nichtverstehen zu spielen. Dieses Spiel funktioniert auch hinter der Maske.

DAS MULTIPLE BEWUßTSEIN ALS FRAGWÜRDIGE WAHRHEIT

Man könnte vorschnell meinen, daß sich in der Begegnung die Wahrheit entbergen muß, wenn es sich um so etwas wie eine »echte« Begegnung handelt, ein Gespräch sein soll, in dem die Differenzen – als Wiederholungen – auftauchen. Das um so mehr, als das Differenzdenken auf ein Entbergen gerichtet ist, das zwar das metaphysische Wahrheitsverständnis hintergeht, aber an die Stelle der identifizierbaren Einheit die Differenz setzt. Hier wird, wie bei Heidegger, am Wahrheitsanspruch festgehalten: Wenn es keine sichere Gewähr für die Übereinstimmung von Aussage und Sachverhalt gibt, wenn die Wahrheit als objektive schwach wird, dann ist die Einsicht in die diesem Prozeß zugrunde liegende Differenz keine Wahrheit im kausalen Sinne, aber der Rest dessen, was von der Wahrheit bleibt.

Zwar verschieben und verdichten sich die Differenzen im Zuge jedes Verstehensprozesses. Trotzdem behalten solche Differenzen eine fixierbare Grundlage, wenn sie, wie bei Derrida, in der Schrift markiert werden. Das Spiel der Schriftzeichen verbleibt in einer gewissen Disziplinierheit. Etwas steht geschrieben und kann ohne die Intention des Autors verstanden werden bzw. es verweist auf weitere Differenzen. Derrida spricht von der Urspur, die der Sprache in der Schrift gelegt wird. Derrida entfesselt ein Spiel der Schriftzeichen, das doch auf ordentlichen Verschiebungsprozessen beruht, obgleich diese kein Fundament besitzen.

Dagegen werden die Differenzen in der lebendigen Begegnung in eine beschleunigte, oszillierende Bewegung gerissen, so daß die lebendigen Differenzen in der Schrift keine Fixierung, keinen Ort mehr besitzen. Sie sind im Augenblick des Sagens und des Hörens da, verschwinden sofort wieder mit dem Nachhall, hängen lose zusammen, abhängig von der Aufmerksamkeit der sich Begegnenden und ihren Interpretationen. Alles weitere ist Erinnerung als Wiederholung, die von einer Vielzahl von Zufällen abhängt bzw. vom Erinnerungsvermögen des Erzählers. Diese Wiederholungen, selbst wenn sie einmal aufgeschrieben sind, wie in Platons Dialogen, müssen immer wieder neu interpretiert werden. Jede Geschichte ist Wiederholung, die sich jedesmal verändert, wenn sie erzählt wird – weil sie jedem Hörer etwas Anderes bedeutet. Würde man sonst noch Platon lesen? In seinen Dialogen hält er etwas von der negativen Macht der Hermeneutik fest.

So werde ich niemals der »authentischen« Anderen begegnen können. Ich werde nicht die »wahren« Differenzen bemerken. Das kann weder Sinn des Verstehens sein, noch einer Hermeneutik, die ihre eigenen Prämissen ernst nehmen will. In einer negativen Hermeneutik spielt die Wahrheit die unprätentiöse Rolle, Ahnungszeichen von mutmaßlichen Strukturen zu sein.

Eine negative Hermeneutik zieht die weiteren Konsequenzen aus der Postmoderne-Debatte. Sie will deren Radikalisierung sein, um über ihr Zeichenspiel hinaus zu gelangen. Ob das ein Fortschritt wird, läßt sich nicht absehen, besser wäre allemal Wiederkehr. Die Postmoderne ist noch nicht frei genug vom Zwang zum Neuen, der seit der Neuzeit in die ewige Wiederkehr des Gleichen mündete. Kann eine negative Hermeneutik diesen Wiederholungszwang brechen? Wenn Verstehen nichts Anderes als Wiederholungszwang ist?
Aber will man in den Schoß der Scholastik zurückkehren, die das Neue mied? Das kann eine Alternative sein. Nur wäre das keine Aufgabe des Denkens, das die Abkehr vom Fortschrittszwang selbst leisten muß, wenn es seinen Anspruch auf Mündigkeit aufrechterhalten will. Man kann sich nicht dümmer und nicht bescheidener machen, als man ist. Man kann nicht zurückkehren. Was wiederkehrt, wandelt sich ab. Man kann nicht rasten. Nach Bergson ist Bewegung natürlich, während Stillstand legitimiert werden muß.[6] Aber es gibt im Denken keine Bewegungslosigkeit. Nirgendwo ist das Denken beheimatet. Thomas von Aquin liegt zeitlich leider vor Descartes, Kant und Heidegger. Denken kann nicht hinter sich selbst zurück. Thomismus kann es nur noch nach Kant geben.
Aber könnte ich nicht trotzdem eine authentische Begegnung erleben, in der Differenzen sich zeigen und wieder verschwinden, sich durch die Lüge weiter eröffnen als sich verbergen, wenn ich mich nicht, wie es üblich ist, als einen darstelle, der immer derselbe ist, sondern als eine immer Andere, gar als mehrere oder wenigstens als manchmal eine Andere (mancher ist mal eine Andere). Dann ist diese Nichtidentität, die ich als vermeintlich wahre Begegnung erlebe, ein Wiederholungszwang des Verstehens, der nicht durch die Multiplizität oder die Andersheit des Ich umgangen werden kann. Das multiple Bewußtsein vieler Selbste unterliegt dem Nichtverstehen, obgleich es nicht die wahre Weise des Verstehens von Nichtverstehen ist und nicht die neue Authentizität der Vielheit. Diesem multiplen Bewußtsein bleibt nichts Anderes, als erneut den Versuch zu unternehmen, zu verstehen, die Welt, die Andere, sich selbst, sein eigenes Verstehen zu verstehen, um zu scheitern und genauso darunter zu leiden, wie der Zwangsneurotiker mit seinem armen einzigen Ich oder der Gläubige mit seinem Seelenknöchelchen.
Lüge und Wahrheit sind ein Gegenstand einer bestimmten Logik der abendländischen Wissenschaften und ansonsten rhetorische Repräsentationen, deren Relevanz in der Begegnung diffus wirkt und sich nicht in ihrer Authentizität erfüllt. Die Authentizität – wenn man so noch sprechen will – beruht nicht mehr auf Wahrheit und Identität. Die Authentizität der Begegnung liegt in diesem multiplen Wiederholungszwang, in diesem diffusen Willen zur Macht (als Hermeneutik), von dem Nietzsche schrieb. Viele Menschen sind heute gezwungen, seit sie keine Welterklärungen akzeptieren können, alles immer wieder neu und anders

zu verstehen. Auf absehbare Zeit scheinen sie aus diesem Zwang schwerlich entlassen zu werden. Andererseits produziert dieser Zwang eine Welt der Vielfalt und der Andersheit, der Nichtidentitäten, die nicht nur die eine oder andere Patchwork-Existenz erlaubt, sondern im Zuge der Virtualisierung von Wirklichkeiten zunehmend zum Ort einer anderen Menschlichkeit aufsteigen könnte. Anders kann der Humanismus nicht weiter gedacht werden.

HEIßT HASSEN NICHTVERSTEHEN?

Wenn die Liebe eine wichtige Rolle für die Begegnung spielt, gilt dergleichen nicht auch für den Haß? Kommen durch ihn die Differenzen, die Andersheit der Anderen, nicht erst voll zur Wirkung? Realisiert sich im Haß nicht das Nichtverstehen? Doch was auf den ersten Blick naheliegt, erweist sich auf den zweiten doch als fragwürdig. Ist eine Begegnung zweier Hassenden wirklich möglich? Handelt es sich nicht um einen Zufall, wenn sich Hassende begegnen? Könnte das nicht der Anfang vom Ende des Hasses sein? Außerdem kann man *nicht nichtverstehen wollen*. Das wäre eine Form des Verstehens. Das Nichtverstehen motiviert das Verstehen, das im Nichtverstehen an seine Grenzen stößt und diese überschreiten möchte. Oder das Verstehen ist sich bewußt, daß es nie hinreicht, daß sich dort, wo sich Einsicht öffnet, sich diese zugleich verstellt: Ein Prozeß, der das Verstehen weitertreibt, während hinter ihm die wittgensteinschen Leitern einknicken.

DIE BEGEGNUNG ZWEIER HASSENDEN

Scheinen in einer Begegnung des Hasses überhaupt Differenzen auf? Oder herrscht eine Einheit der Hassenden? Zwei Armeen, die miteinander Krieg führen, vereinen sich auf dem Schlachtfeld miteinander. Wenn Aufstände gewaltsam unterdrückt werden, wenn ein Mensch voller Haß den anderen angreift, wenn die eine Armee die andere angreift, dann scheint sich hier Differenz zu manifestieren. Allerdings hat der Nazarener recht: Die Differenz wird erst offenkundig, wenn der Angegriffene die andere Backe hinhält. Wenn zwei miteinander ringen, dann sind sie auf verschlungene und intensive Weise eins: angefangen vom Bild, das sie abgeben, haben sie dasselbe Ziel (den Krieg), benehmen sie sich gleichartig. Hier entsteht eine Einheit, die über den Sieg einer Partei hinaus wirkt. Der Verlierer geht im Sieger auf, wird von ihm partiell integriert oder muß Tribut leisten. Noch der Tote gehört dem Sieger: das Dilemma des Mörders wie des Opfers.

Vielleicht herrscht Einheit dort, wo die Gewalt – gleichgültig ob offen oder latent – am größten ist. Die Gewalt unterdrückt die Differenzen. Das ist das Prinzip der Diktatur, die mit Gewalt die Einheit herstellt bzw. aufrechterhält. Deswegen kann sich Hobbes keinen Staat vorstellen, der auf der immer wieder neuen Zustimmung seiner Bürger beruht. Die Furcht, die der absolute Herrscher unter seinen Untertanen entfacht, garantiert den Frieden, somit die Einheit. Ansonsten würden Differenzen aufbrechen, Differenzen, die zum Krieg führen. Hobbes hat nicht bedacht, daß es der Drang nach Einheit sein könnte, der in den Krieg führt, daß sich im Krieg – und sonst nirgendwo – die Einheit herstellt (Carl Schmitt wußte das), während die Differenzen den Frieden bzw. die Begegnung brauchen, um sich entfalten zu können. Der Mensch, der mit anderen eng verbunden sein will, der die Wärme der Herde sucht, der könnte in den Krieg treiben, wo diese Einheit sich von außen beschleunigt am ehesten herstellt und sogar die Einheit mit dem Feind ergibt. Ob der aufbrechenden Differenzen fürchten Krieger und Priester gern den Frieden.

Nun muß der Haß nicht gleich so fanatisieren, wie es fast nur religiös motivierte Terroristen brillant beherrschen, um direkt in Gewalt und somit Einheit umzuschlagen. Haß kann kühl und berechnend wirken, kann sich verbergen, kann sich diskret zeigen und deshalb eine Begegnung mit dem gehaßten Anderen suchen: z.B. aus Gründen der Selbstrepräsentation. Also kann man auch nicht ausschließen, daß Haß und Begegnung zueinander finden, die Differenz aus dem Haß eine Stimulans erfährt. Das Verhältnis muß nicht einmal peripher bleiben. Trotzdem kann man den Haß nicht ins selbe Verhältnis zur Begegnung wie die Liebe setzen.

FRIEDEN FÜR DIE DIFFERENZ

Die Differenz führt nicht in den Krieg, der sie in Einheit aufhöbe. Die Theoretiker der Rechten, die die Differenz in der Einheit des Krieges aufheben möchten, haben wenigstens in ihrer Konklusion recht. Aber was wäre das für eine Einheit: die geeinte Nation, der Nürnberger Parteitag, die hitlersche Jugend? Genau jene Einheit, die diese starken Denker wollen, eine Einheit ohne Differenzen, eine Einheit der Ordnung, des festen Rollenverhaltens, vornehmlich der Frau. Die Differenz erhält also nicht unbedingt immer den Frieden. Aber ohne Frieden keine Differenz. Das mag ihre Tragik sein, daß kein Schluß folgender Art möglich ist: »Differenz! Ergo Frieden.« Und darüber hinaus gar: »Ergo Humanität.« Auch die Differenz ist keine Heilige. Auch Differenz, als solche, ist nicht gut, nicht sittlich. Sie ist schlicht: Differenz und vielleicht Wiederholung. Die Tautologie in sich. »Es ist überall nichts in der Welt, ja überhaupt auch außer derselben zu denken möglich, was ohne Einschränkung für gut könnte gehalten werden [...]«[7] Hier hätte Kant aufhören müssen. Die Suche nach dem einschränkungslos Guten, aus dem das Gute dann automatisch sprießen müßte, ist der Irrweg der abendländischen Philosophie.

DIE DROGE ALS GRUND DER GEMEINSCHAFT

Gewalt herrscht in den zwischenmenschlichen Beziehungen, ob subtil oder brachial. Gehört sie daher zur Begegnung, obwohl sie eher auf die Identität, denn auf die Differenz gerichtet ist? Zum Gespräch gehört sie aber anscheinend nicht; im Gespräch eröffnen sich schleßlich jene Differenzen, die Gewalt einebnet. Deswegen scheuen bestimmte Menschen das Gespräch und ersetzen es durch Trinkgelage, die ob der gemeinsamen Berauschung leicht den Anschein von Einheit erzeugen. Der Rausch stiftet Gemeinschaften selbst dort, wo das Individuum ob seines Rauschzustands aus ihnen herausfällt. Denn das, was von einem solchen Menschen übrigbleibt, hat dessen Individualität lange aufgelassen. Kein Wunder also, daß beim Militär Rauschmittel massiv konsumiert werden, warum jede Kultur ihre Drogen braucht, die den Asketen andererseits die Chance bieten, moralische Vorbilder zu fingieren.

DIE ERHELLENDE GEWALT DES VERSTEHENS

Obwohl die Gewalt eigentlich nicht zum Gespräch gehört, ist kein Verstehen denkbar, das nicht im Innern etwas subtil Gewalttätiges hat, etwas Bestimmendes, etwas Einheiten Bildendes, etwas Prägendes: Differenzierung bildet neue Einheiten, identifiziert. Das überwältigende Moment der Differenz führt in die Identität, produziert etwas, das vorher nicht existierte. Verstehen versteht etwas Unverstandenes als etwas Verstandenes. Etwas wird als etwas Anderes bestimmt und als solches konstruiert. Nicht nur dort, wo das Verstehen glaubt, das Nichtverstehen aufheben zu können, übt es sich in subtiler Gewalt der Konstruktion oder Prägung von Welt.

Dem Nichtverstehen ergeht es kaum anders, obgleich man meinen könnte, das Nichtverstehen differenziert nicht und stiftet somit keine Identitäten, die die Welt prägen. Doch es greift nicht befriedend in den prägenden Verstehensprozeß ein oder schwächt dessen Welt-bestimmende Kraft. Wie will sich das Nichtverstehen erstens jenem dumpfen Moment brachialer Gewalt völlig entziehen? Wenn das Nichtverstehen das Verstehen schwächt, greift es negativ prägend in den Prozeß des Verstehens ein, sozusagen entprägend, Einheiten auflösend, Identitäten verunsichernd, subtiler zwar und doch seinerseits Gewalt ausübend. Daß es bloß erfreuliche Wirkungen entfaltet, steht durch das dumpfe Moment der Gewalt in Frage, das ebenso im Nichtverstehen droht.

Lange hat man geglaubt, daß nur der technische Eingriff in Natur die Welt prägt und insofern schafft: der technische Mensch als Schöpfer. Seit Hegel, Nietzsche und Heidegger bestimmt das Denken das Sein. Es interpretiert und konstruiert die Welt. Für Nietzsche realisiert sich der Wille zur Macht als Interpretation, die die Welt prägt, die Welt erst erschafft. Hermeneutik heißt somit Macht auszuüben. Verstehen entwirft die Welt, realisiert sie als solche erst. Das ist ein willkürlicher und insofern ein subtil gewalttätiger Akt. Nietzsches Thesen erfahren ihre Bekräftigung im Zeitalter informatisierter Technologien, deren weltbildende Kraft in ihrem Einfluß auf das Denken liegt und dadurch die Welt der bunten medialen Bilder entwirft.

Doch die hermeneutische Gewalt wirkt nicht schlicht vereinheitlichend, sondern gleichfalls differenzierend: Die Differenz stiftet die Einheit, so daß sie auch gewalttätig wird. Man sollte sich nichts vormachen! – Der erste Grundsatz einer Ethik des Denkens. Der zweite heißt dann wohl: Man soll dem Verstehen keine Gewaltlosigkeit unterstellen! Aber muß man jede Gewalt und jede Macht als zutiefst bösartig anprangern? Als gutartig sollte man sie auch nicht lobpreisen. Gelegentlich muß man – wohlüberlegt – der Gewalt des Verstehens beipflichten, und zwar sowohl, wenn sie im Dunklen erhellt, als auch wenn sie im Hellen verdunkelt. Zweifellos wird dabei trotz aller Differenzierung Gewalt ausgeübt. Zu hoffen, Verstehen sei gewaltlos, bleibt Illusion.

Aber was ist, wenn Menschen gar nicht mehr verstehen wollen und statt dessen zuschlagen? Können sie die Differenzen nicht mehr ertragen? Wahrscheinlich ist das Aushalten der Differenzen etwa so schwierig wie das Leben selbst, das viele gerne einfacher hätten. Doch Gewalt kann erhellend wirken wie ein heftiger Streit mit Worten. So würde man es üblicherweise beschreiben. Ich sage lieber, sie beschleunigt den Prozeß des Verstehens dann, wenn sie alle Dimensionen des Mißverstehens öffnet und zu einer erneuten Begegnung antreibt, der gewaltsam hergestellten Identität die Differenz entlockt. Gewalt deckt Differenzen zu, verschiebt sie, verdichtet sie. Und just dadurch öffnet sie sie auch wieder. Wo sie Differenzen verschleiert, Verstehen als »Verstanden!« beendet, brechen hinter ihrem Rücken neue Differenzen auf. Der elende (immer schon verlorene) Kampf des Diktators gegen Subversion und Widerstand. So wirkt Gewalt wie das Gleiten der Signifikanten in der lacanschen Psychoanalyse: Die Signifikanten wollen identifizieren und scheitern daran, indem das Bezeichnete dem Bezeichnenden entgleitet. Aber wollen Signifikanten wirklich identifizieren? Der Gewalt bleibt nichts Anderes. Gewalt wirkt also wie eine Sprache bzw. interveniert in den Prozeß des Verstehens und zwar keineswegs bloß destruktiv, wie man es von Gewalttat ansonsten gewohnt ist. Ob indirekt differenzierend oder direkt identifizierend, die Gewalt wirkt erhellend und – nicht zu Unrecht – auch verdunkelnd.

Nicht nur auf diese Weise. Gewalt vermischt auch die Bereiche der zwischenmenschlichen Beziehungen. Berührung, Gestik, Mimik, Emotion, Sex verbinden sich mit der Sprache und wirbeln wüst durcheinander – getrieben von latenter wie manifester Gewalt. Laufend gibt dieses Chaos, die Vermischung, zu denken und zu verstehen, wie es das Verstehen abschneidet. Unerwartet anders entstehen Verbindungen wie Brüche, Differenzen, Wiederholungen. Insofern wirkt Gewalt für das Verstehen katalysierend. Nicht die Gewalt gibt zu verstehen, aber der Zustand, in den sie führt, der Zustand, der sie zugleich gebiert. Wie Gewalt und Ordnung zusammengehören, sind Chaos und Gewalt einander übereignet. Soweit die Gewalt dem Haß entspringt und auf die Vernichtung oder Beherrschung des Gegners abzielt, also nicht bloß auf die Herstellung von Identität, soweit steht sie dem Verstehen feindlich gegenüber, das sich ihrer genauso bedient wie jener Gewalt, die differenzierend wirkt. Ohne diese ist Verstehen nicht zu verstehen.

SEX ALS GRUND DER PHILOSOPHIE

Was hat Sex mit Begegnung zu tun? Ist er nicht eine sportliche Übung, die abwechselnd zu zweit oder alleine betrieben wird? Manchmal sollen gar mehrere gleichzeitig daran beteiligt sein? Seltsam! Ist das, was beim Sex gesprochen wird, ein Gespräch? Ich meine natürlich nicht jene Gespräche, die ringsherum stattfinden und unter Intellektuellen eigentlich immer von Husserl handeln – Trauma einer lange verblaßten Liebe zu einer Philosophin.

Also gibt Sex zu verstehen. Man mag sich dagegen sträuben, da man den Menschen, genauer das Gespräch, dadurch befleckt sieht. Natürlich gehört Sex zu den einschlägigen Promotoren der Begegnung. Ohne Sex wäre keine Sprache entstanden. Die Liebe gäbe es ohne Sex auch nicht, folglich nicht deren Derivat die Nächstenliebe.

Was mich stärker schmerzen würde, es gäbe ohne Sex keine Philosophie, also keine Weisheitsliebe. Sokrates war häßlich und arm. Wollte er hübsche Knaben betören, deren Eltern das auch im antiken Athen zu verhindern trachteten, blieb ihm nichts Anderes als die Weisheit: Wie man weiß, mit durchschlagendem Erfolg: Wie lautete doch die Anklage, die zu seiner Hinrichtung führte: »Verführung der Jugend«. Sollte man den Nächsten nicht wirklich mehr lieben als die Weisheit? Ist das Christentum insofern ein Fortschritt gegenüber der Philosophie, indem es sich der Philosophie entledigte? Oder hängt das vom Nächsten ab? Oder von der Nächsten? Oder nicht doch von der Philosophie? Vielleicht noch von der eigenen Intellektualität?

Sex gibt in jedweder Form zu denken. Ihn auf die Fortpflanzungsfunktion zu reduzieren, die wohl eher eine unangenehme Nebenwirkung darstellt, heißt, das Denken auf die ungeschickte Biologie des Menschen zu kaprizieren. Es mag ja für viele Leute eine pathologische Notwendigkeit sein, etwas behüten zu können. Aber dieses Bedürfnis ist ein schlechtes Argument für die biologische Funktion und eine trübe Aussicht für das Denken. Denken heißt bestimmt nicht *Hüten*. Der Schäfer verkörpert nicht gerade den Intellektuellen. Er denkt nicht, er lenkt. Eine ähnliche Differenz trennt den Philosophen auch vom Politiker, der zumindest gerne steuern würde.

Die Menschen überleben, weil sie nicht anders können bzw. manchmal gehen sie unter. Für Millionen längst gestorbener Menschen ist es gleichgültig, ob die Menschheit existiert. Von ihnen gibt es kein Andenken, das dafür plädieren würde, daß sie als Lebende einst zumindest daran ein Interesse gehabt haben könnten. Selbst der Intellektuelle, der sich nicht durch Kinder, sondern unsterbliche Werke verewigen will, muß nach momentaner Kosmologie davon ausgehen, daß in Jahrmillionen nichts von seinen Werken übrig ist, nicht die geringste Spur. Es gibt also nur einen Grund zu philosophieren, es muß Spaß machen. Ähnliches gilt für Sex.

SEX ALS NEBENWIRKUNG DES LEBENS

Sex treibt die Menschen an, setzt sie einem Spiel der Leidenschaften aus, befruchtet das Denken aus seiner Andersheit heraus. Vielleicht dreht sich alles Verstehen bzw. Mißverstehen um die Geschlechterdifferenz. Freud und Lacan würden dem zustimmen. Mir scheint das übertrieben, monokausal. Was will man damit sagen, *letztlich* triebe Sex den Menschen an. Es gibt genügend Beispiele für Antriebe, die mit Sex nur dann was zu tun haben, wenn man partout alles auf das Eine zurückführt. Hegel persiflierend: Schaut man die Welt durch den Sex an, dann blickt einen ebenfalls die Welt reflektierend durch den Sex an. Sex treibt ins Verstehen, aber nicht nur Sex. Wie die biologische Funktion des Kinderkriegens eine Nebenwirkung des Sex ist, so ist Sex selbst eine Nebenwirkung des Lebens.

Trotzdem ist Sex für die Begegnung häufig stiftend. Schönheit, in der sich Sex repräsentiert – und in nichts Anderem als in dieser zutiefst individuell und situativ bedingten Wahrnehmungsweise –, diese Schönheit zieht als Sex an, zum Leidwesen all jener, die dergleichen für ungehörig halten oder damit nicht umgehen können, und umgekehrt zur Freude aller, die sich darauf einzulassen verstehen. Zum Ärgernis für alle, die meinen, Sex und Schönheit dienten nur der finalen Paarbindung; denn es gehe um die Brutpflege. Zur Freude all jener, die mit Sex wesentlich eine sportliche Übung verbinden, die man kaufen kann. Aber der Kapitalismus ist nun einmal heute weltweit und niemand will ihn wirklich ernsthaft verändern – vielleicht ist einer der letzten Gegner des Kapitalismus der römische Papst (und zwar just aus diesem Grund). Andererseits wird ja niemand gehindert, sich unerotisch zu gestalten, wenn er glaubt, daß dadurch die Paarbindung ihre Stabilität erhält – was nicht so selten funktioniert – oder daß es im Leben um Höheres gehe.

SEX HAT NICHTS MIT NATUR ZU TUN

Andererseits spielen im Sex alle Dimensionen der Begegnung zusammen. Es muß nicht immer gleich Liebe sein. Die stiftende Geschlechterdifferenz wirkt unter Differenzen beschleunigend. Man sieht sie und spürt sie. Man begreift ihre Gewalt, die generativ Einheiten stiftet.

Sex treibt zur Anderen, nicht die Höflichkeit. Es ist klar, daß daraus Gespräch und Berührung folgen, daß sich derart Einheiten herstellen. Sex treibt auch ins Verstehen und damit in die Differenz, jedenfalls soweit der Sex kulturell gebrochen ist – einen anderen gibt es nicht. Das könnte der Grund sein, warum viele sich gegen ihn wehren, sich nicht um Verstehen kümmern, sondern gewaltsam nach Sex greifen – das Ende der Begegnung in einer kurzen Einheit. Aber viele sind mit dem Verstehen, dem Gespräch und der Begegnung schlicht überfordert. Umgekehrt kulturiert sich daraus jener naturhafte Trieb, der zwar einmal Lady Chatterly beglückte, aber nach häufiger Wiederholung sich leicht abnutzt. Sex hat also fast nichts mit Natur zu tun, nur seine Nebenwirkung.

Sex und das Verstehen haben sich in der Begegnung gefunden und sie hassen sich. Aber das ist um so innovativer. Sex geht im Verstehen auf, transformiert sich auf andere Ebenen und wird dort erst real. Sex findet nur im Kopf statt. *Sex heißt Verstehen*, und zwar einerseits als Öffnung einer Dimension der Welt und andererseits als Begegnung.

Wenn man nichts von Sex versteht, dann wird man auch niemandem auf diese Weise begegnen. Man wird andere nur eingeschränkt verstehen. Man wird die Welt reduktiv begreifen. Trotzdem überschreitet Sex jedes Verstehen, erweist es als Mißverstehen. Sex spielt nicht bloß mit Verstehen zusammen, befördert vielmehr ein Verstehen, das sich selbst nie versteht, das mit sich selbst nicht einverstanden ist. Sex ist eine maßgebliche, aber unverständliche Differenz, somit eine Bedrohung, vor der sich viele lieber schützen.

Insofern wird jedes Verstehen von einer sexuellen Komponente beseelt. Trotzdem darf man nicht alles sexuell interpretieren. Aber Verstehen, das sich um Differenzen sorgt, kommt nicht an jener Differenz vorbei, die sich im Sex offenbart. Verstehen hat aber Sex nicht nur als Thema. Nein, im Verstehen schwingt auch immer ein sexuelles Moment mit, das Begierde, Affektion, Erotik vereinigt. Es entspringt nicht dem Unbewußten, sondern der oszillierenden Struktur des Verstehens selbst, in der sich Sex realisiert. Das Verstehen trennt und vereinigt, befriedigt und frustriert, hört auf und fängt wieder an, spielt mit in jeder Partie, Sex läuft nebenher.

Verstehen als Sadomasochismus

Selbst in die extremen Formen der Sexualität und der Liebe, im Sadismus und im Masochismus verwickelt sich das Verstehen. Sadismus und Masochismus sind Formen der Begegnung und zwar solche, die extrem auf die Differenzen gerichtet sind, diese scheinbar festhalten, ihre Attraktivität jedoch durch die Aufhebung der Differenzen in der Identität gewinnen. Die Differenz wird unterworfen und geht als unterworfene in die Einheit ein, bleibt also erhalten. Tatsächlich realisiert sich im sadomasochistischen Spiel eine unbewußte Einheitsbemühung der Liebenden, wenn auch eine, die die Lust im Schmerz erzielt. Die Lust repräsentiert die Differenz, der Schmerz die Einheit. Gewalt tritt an die Stellt des Verstehens, repräsentiert das Verstehen.

Zugleich bedürfen Sadismus und Masochismus als allgemeine Formen zwischenmenschlichen Verhaltens des Verstehens. Verstehen ist herausgefordert, um die Gewalt mit der entsprechenden hermeneutischen Dynamik zu versehen, die stimuliert, indem sie den Schmerz als etwas Anderes verstehen läßt. Insofern ist dieses Verstehen ein Verstehen, das für sich bleibt, das nichts Anderes als seine eigene Einbildung versteht. Der Schmerz ist nicht das, was er ist. Nur deshalb erzeugt er Lust. Derart führt die sadomasochistische Gewalt zu einer eingebildeten Einheit, die aber Differenzen nicht aufhebt, sich ihrer vielmehr bedient. Das Verstehen des Schmerzes bleibt auf halbem Wege stehen, identifiziert und hält an den Differenzen fest: Ein Spiel als ob. Der Schmerz allein ist kein Sadomasochismus. Er ist nichts.

Umgekehrt leben in jeglichem Verstehen auch Sadismus und Masochismus, wie in jeglichem Verstehen Sex siedelt, was Sigmund Freud übertrieben vorführte. Denn Verstehen ist häufig eine Variante des Masochismus, eine selbstquälerische Suche, die notorisch scheitert. Im Mißverstehen und im Nichtverstehen baut sich der Hort des Masochismus auf, eben das sinnlose Streben nach Verständnis und das Vergnügen über dessen immer wiederkehrendes Scheitern, eine Lust, die man aus dieser Qual des Verstehens zieht. Masochismus bedeutet, das Begehren zu verstehen, obwohl es nichts zu verstehen gibt. Masochismus ist die Bemühung, im Verstehen die Differenz aufzuheben, in der Identität aufzugehen, ganz Opfer zu sein, sich ganz hinzugeben – voller Verständnis und doch nichts verstehend. So will Verstehen der Sache angehören, sich von seinem Gegenstand beherrschen lassen, bis die Einsicht reift, daß dergleichen unmöglich ist, daß das Sein niemals das Denken beherrscht (Marx' masochistische Ader) oder daß man nur masochistisch, d.i. methoden- und absichtslos, der Welt nachspüren kann – wie es das Ethos der Dekonstruktion empfiehlt.[8]

Kein Wunder, wenn der Masochismus in Sadismus umschlägt – von Marx zu Nietzsche, der doch so masochistisch erscheint: wenn die Einheitsbemühung auf dem Wege der Hingebung scheitert, dann also anders herum! Statt sich zu unterwerfen, unterwirft man die Andere. Die Interpretation entfaltet ihre ganze Macht: »Ich weiß, wie du dein Leben am besten führst!« Dann will man die Andere beherrschen und bestimmen, um die Identität gewaltsam zu erzwingen, zwei Leben vereinheitlichen nach dem Muster des eigenen. Der Masochismus der Anderen oder deren Hilflosigkeit kommt dem häufig entgegen. Jenseits von Sex beherrscht der Sadomasochismus die zwischenmenschlichen Beziehungen. Und darüber hinaus das Verhältnis des Menschen zur Welt und sicher nicht erst in der Neuzeit oder vermittels moderner Technik. Hermeneutik ist selbst der Wille zur Macht und bestimmt das Sein, das sich in sadomasochistischem Wiederholungszwang erstreckt. Die Welt, das Sein, muß sich dem Verstehenden anpassen. Ich bestimme mein Leben selbst: Sartre und Simone de Beauvoir beschlossen in ihren jungen Jahren, die Welt neu zu erfinden.

So wie Sex eine strukturelle Parallele zum Verstehen aufweist, orientiert sich Verstehen am Sadomasochismus – und zwar mit dem Ziel nicht zu verstehen, nicht nur im Opfer und der Hingabe nicht mehr verstehen zu müssen: Die Lust des Verstehens am Nichtverstehen. Dabei geht es nicht um kausale Zusammenhänge, sondern um Ereignisse, um Spiele, die Sex, Sadismus, Masochismus und Verstehen miteinander spielen, wenn Menschen sich begegnen; Spiele, die sich selber spielen, die nicht die Menschen spielen, in denen die Menschen vielmehr den Figuren auf dem Brett ähneln oder ähneln wollen.

AUF DEM KOPF STEHEN!
Aber ein wenig über das Brett und die anderen Figuren will ich doch hinaus schauen, auch wenn ich nicht weiß, wie das gelingen soll, wenn es keine Bäume gibt, auf die man zu diesem Zweck krabbeln kann: Die Zeiten der Aufklärung sind vorbei, als man sich nur einen erhabenen Standpunkt sichern mußte, um die Welt richtig zu sehen. Heute ist jeder Standpunkt irgendwie erhaben, bloß die Ebene fehlt, die Normalität. Der Planet ist relativ rund. Es kann auch sein, daß sich die Erhabenheit als Kopfstand erweist (nämlich aus australischer Perspektive). Also wenn nicht auf dem Kopf, so doch mit dem Kopf schräg oder nach unten hängend: wenig erhebend.

SCHWÄCHUNGEN DER REFLEXIVITÄT

Im zweiten Jahrzehnt des 20. Jahrhunderts ließ die therapeutische Kraft der Psychoanalyse nach, was Freud zur Entwicklung seiner Metatheorie veranlaßte. Nach Lacan wehrt sich das Ich gegen die analytischen Zumutungen. Vielleicht könnte man von einer Theorie des historischen Fortschritts nur insofern sprechen, als sich historisch das Denken tendenziell schwächt. Reflexivität verliert an performativer Kraft. Das könnte ein weitverbreitetes historisches Phänomen sein: als Kern des Fortschrittsdenkens im Sinne von Schwächungen und trotzdem ein Fortschreiten und kein Niedergehen. Einsichten kommen und gehen, wirken eine Weile, verblassen wieder, und neue müssen gewonnen werden. Zunehmend erkennt man die Hinfälligkeit und Sterblichkeit aller Ideen und Weltbilder.

DIE EIFERSUCHT DES VERSTEHENS

Ist die Eifersucht das Ende des Verstehens? Oder der Höhepunkt der Begegnung? Eifersucht versteht gemeinhin die Andere nicht, sondern schließt schlicht von sich auf andere, meint also zu verstehen, wo gar nicht verstanden werden kann. Schon allein wenn *der Andere* unendlich anders sein sollte, wie Lévinas ja vermutet. Eifersucht hat also nicht Lévinas gelesen. Irgendwann wird sie es nachholen. Irgendwann wird die Eifersucht reflexiv sein und dann den therapeutischen Effekt von Theorien à la Lévinas verblassen lassen. Dann würde der Patient sagen: »Ich weiß, du bist anders. Ich kann dich gar nicht verstehen. Also darf ich von mir auf dich schließen; denn ich kann ja gar nicht anders.«

Noch versteht die Eifersucht nicht die Unzugänglichkeit der Anderen, deren fragwürdige Verständlichkeit bzw. die Schwäche des Verstehens, an dessen Grund das Nichtverstehen siedelt. Man könnte in dieser Schwäche des Verstehens nicht nur die lévinassche Andersheit orten, sondern eine Wiederkehr der negativen Theologie. Nach Nikolaus von Cues sind negative Aussagen über Gott diesem immer angemessener als affirmative.[9] Das durchherrscht die Perspektiven des Verstehens insgesamt, das Verstehen der Anderen im besonderen. Insofern gewinnt die Hermeneutik ihre negative Perspektive aus dem Horizont der Theologie. Auffällig wird diese Verbindung bei der Eifersucht – das ist kein Zufall.

Noch durchschaut die Eifersucht nicht die Dimensionen des Mißverstehens. Aber diese Mißgeschicke sind ihr Zuhause. Eifersucht beruht auf dem Nichtverstehen und insistiert darauf, ohne es zu ahnen. Doch diese scheinbare Pathologie transformiert sich, wenn man die Schwierigkeit zu verstehen beachtet, in Normalität und bestätigt Freuds Bemühen, den Krankheitsbegriff als solchen aufzulösen. Eifersucht gewinnt Selbstverständlichkeit, da man zuwenig versteht, vieles nicht versteht, nichts definitiv wissen kann, wenn man notorisch zweifelt. Insofern könnte die Eifersucht gut und gern der Ort sein, an dem Verstehen auf seine Reise geschickt wird – auf jene Reise ins Ungewisse im schlichtesten Sinne des Wortes.

Daher erfüllt Verstehen für sich genommen etwas Eifersüchtiges, das sich um so mehr verstärkt, als das Verstehen sein Scheitern erleben muß. Verstehen will verstehen und verfolgt die sich entziehende Differenz hoch neurotisch und identitätsheischend. Man imaginiere den intensiv betonten Satz: »Jetzt höre mir endlich einmal zu!« Oder jenen: »Ich verstehe nicht, wie du das tun konntest.« Verstehen leidet an sich selbst. Verstehen ist eifersüchtig auf das, was sich ihm entzieht. Verstehen wiederholt sich zwanghaft, schmerzhaft wie der kleine Junge, der in Freuds Beispiel am Anfang von »Jenseits des Lustprinzips« sein Spielzeug immer wieder gegen die Wand wirft und dabei weint. Verstehen kreist hier nicht in seinem hermeneutischen Zirkel, vielmehr konstituiert sich darin sein sublimes Realitätsprinzip. Verstehen kennt keinen Zirkel. Niemals kehrt im

Verstehen etwas exakt wieder, es wiederholt sich nur. Die Wiederholung impliziert die Differenz – technisch gesprochen den Verschleiß. Wiederkehr wie Wiederholung sind daher nicht zirkulär. Jede Identitätsbemühung, auch die gewaltsame, scheitert an dieser Differenz in der Wiederholung. Das Verstehen dagegen, das der Differenz eingedenk ist, greift ins Leere. Selbst wenn sich Verstehen einmal mit vollen Händen überrascht, weiß es gemeinhin nicht wohin mit der Fülle. Wie kann es bewahren, was es gerade erntete. Tiefe Besorgnis läßt das Verstehen alles wieder verlieren. Nicht anders ergeht es der Eifersucht. Deshalb sind dergleichen Pathologien eigentlich keine. Das muß die Psychoanalyse begreifen. Der Krankheitsbegriff wäre aufzulösen!

Da mögen die Verhältnisse nicht so sein. Doch wenn die Reiseziele nicht klar bestimmbar sind, dann muß man sich mit den kränkelnden Verhältnissen einrichten, die Pathologien verwinden, die man nicht überwinden kann, d.h. sie nicht mehr als Krankheiten begreifen. Wer mag, darf weiterhin daran leiden. Sonst gibt es niemand, der im Himmelreich der erste ist.

Dann ist Eifersucht als Höhepunkt der Begegnung nicht mehr fern. Ungemildert prallen in ihr die Differenzen aufeinander und wiederholen sich perpetuierend. In den dramatischen Augenblicken einer Beziehung entsteht gemeinhin die größte Nähe, eben im Angesicht der öffentlichen Differenz. Daher könnte man Lévinas abwandeln: Die Andersheit der Anderen ermöglicht die Begegnung, ermöglicht die Nähe, das Verstehen, weil sie das Verstehen zum Scheitern bringt. Zum Mißverstehen verurteilt entfaltet sich das Begehren nach der Anderen, das kein zu befriedigendes Bedürfnis ist, als Wiederholungszwang, als vergebliche Suche nach Einheit. Höchstens, daß es irgendwann erlahmt oder von anderen Interessen überlagert wird.

Das Lustprinzip des Verstehens

Kein Genuß ohne Verstehen! Genuß will wohlüberlegt sein. Eine Vielfalt von Zurückhaltungen ist nötig. Man muß auf das Genießen eingestimmt werden, und es muß gelingen, sich in einem solchen Zustand zu halten. Der Genuß hat keine Eile und darf nicht in Rausch umkippen, obgleich rauschhafte Hingebung den Genuß eminent steigert. Genuß hat aber keine Geduld, sondern verlangt nach Realisierung, obwohl der Reiz durch Verzögerung anwächst. Dazu bedarf es der Disziplin, der Bildung und des Geistes.

Aristipp von Kyrene verbindet mit der Lustorientierung die Selbstbeherrschung. Mit dem ersten Auftauchen des Hedonismus blitzt in der Philosophiegeschichte ursprünglich die Idee der Humanität auf. Es geht bereits um das Selbstverständnis, um die Bildung als Selbstbildung, d.h. um den »Gebrauch der Lüste« (Foucault), den es zu lernen gilt: Das heißt Bildung. Man sollte lernen, in der Hingebung an die Lust zu leben. Denn die Persönlichkeit bildet sich entlang der Lust. Woanders als im Menschen hat die Menschlichkeit keinen Ort.

Die weitere Entwicklung des Maschinenwesens Mensch seit den altägyptischen Hochkulturen hat diese Verbindung verblassen lassen und immer wieder den Haß jener auf sich gezogen, die den Menschen an der Gemeinschaft orientieren wollen, d.h. die ihn kommandieren wollen. In einer Welt, in der die Entwicklung der Maschine sich ungeheuer beschleunigt hat und in der man zunehmend erkennt, daß die Maschine nicht perfekt funktioniert, daß es keinen technischen Perfektionismus auf informatisierte Weise gibt, könnte sich das Verstehen indes wieder mit der Lustorientierung verbinden – wenn Verstehen ähnlich unsicher funktioniert wie die stotternde Maschine oder die flüchtige Lust. Die Maschine erfüllt weder als Apparat noch als Ameisenhaufen ihr Perfektionsversprechen. Es prallen ungehemmt das Maschinenwesen als blankes Machtwesen und das Individuum in seinem Individualisierungszwang aufeinander: Rechnen versus Verstehen; Realitätsprinzip versus Lustprinzip. Vielleicht vermitteln sich beide im Netzcharakter informatisierter Technologien. Wahrscheinlich ist das zuviel Optimismus. Oder was heißt schon »vermitteln«?

Die Entfaltung des Hedonismus ist eine komplizierte Aufgabe und nicht ohne Hermeneutik möglich. Zugleich stößt die praktische Hermeneutik im Hedonismus an ihre Grenzen bzw. an die Grenzen der traditionellen Ethik: Wenn die Hermeneutik negativ wird, gewinnt daran anschließend ihre praktische Variante einen hedonistischen Grundzug. Wenn Genuß Verstehen braucht, dann erkennt das Verstehen, daß es sich auf ein sehr fragwürdiges Thema eingelassen hat, das die Grenzen des Verstehens aufzeigt und damit die Grenzen des Genusses. Umgekehrt braucht das Verstehen den Genuß, um in die Menschlichkeit einzukehren: Wenn Verstehen notorisch schwankt, dann geht es in einer praktischen Hermeneutik nicht darum, Ordnungsstrukturen zu begreifen, sondern darum, wie man sich im Chaos verhält, wie man Menschlichkeit entwickelt, die sich nicht aus Ordnungsstrukturen zu speisen vermag, sondern aus dem Schwanken der Lust. Wie gewinnt man zu sich selbst ein positives Verhältnis, ohne der Banalität der Affirmation oder pathologischer Negation zu verfallen?

Trotzdem hilft Verstehen nicht weiter. Der Genuß verblaßt und läßt sich nicht wiederholen, obwohl er demselben Wiederholungszwang ausgesetzt ist wie das Verstehen. Oder er will sich trotz gründlicher Vorbereitung und genauer Überlegung nicht einstellen. Der Genuß ist launisch und läßt sich nicht beherrschen. Auch der Genuß ähnelt, wie Sex und Eifersucht, also dem Verstehen, das sich dem Genuß am ehesten nähert, wenn es die eigenen Launen nicht verdrängt, sondern bestärkt. Wenn Verstehen nicht versucht, die Launen mit dem Genuß in Einklang zu bringen. Wenn es nicht versucht, Launen wie Genuß zu verstehen. Wenn es sich ähnlich wie der Genuß dem Wiederholungszwang anheimgibt, ohne darin die metaphysische Stabilisierung der Welt begreifen zu wollen, sondern höchstens Strukturen der perennierenden Abwechslung von Verschieben und Verdichten.

Das Genießen könnte also eine wesentliche Dimension des Verstehens sein: Wenn ich verstehe, dann kann das eine Variante des Genießens sein. Wenn ich genieße, ist das immer eine Variante des Verstehens. Der Höhepunkt der Einheit von Genuß und Verstehen ist dann das Nichtverstehen: Wenn das Verstehen sich auf schwankendem Grund erkennt (bzw. nicht erkennt, denn man kann das Nichtverstehen nicht verstehen), ohne diesen verlassen zu wollen, sondern sich auf ihm in der eigenen Fragwürdigkeit und just deshalb mit Vergnügen einrichtet. Der Hedonismus realisiert sich folglich erst in einem Verständnis von sich selbst, das in einem *Selbstnichtverstehen* gipfelt. Das metaphysische Denken sucht den Halt des Realitätsprinzips, der dem Genuß fremd bleibt. Genießen dagegen ist nicht organisierbar, sondern nur verstehbar – aber als Nicht-Verstehbares. Sokrates mußte den Genuß philosophisch sublimieren, um ihm wahre Stabilität zu verleihen. In welche genußfeindliche Atmosphäre das bis heute geführt hat, ist bekannt. Erst wenn solcher Halt nicht gesucht wird, wenn der Genuß nicht ausschließlich im Geist geortet wird, sondern dort verstehend-nichtverstehend begleitet wird, dann entspricht *das verstehende Nichtverstehen* der genießerischen Haltung und könnte den Genuß punktuell und gelegentlich gar noch steigern. Denn kann ich Musik genießen, wenn ich sie verstehe? Im genießerischen verstehenden Nichtverstehen realisiert sich Menschlichkeit in einer negativen Hermeneutik und entfaltet dabei Perspektiven eines guten Lebens, das nicht auf Dauer, Stabilität, Kontinuität, Kranken- und Rentenversicherung angelegt ist. Solche Aspekte gehören den niederen Trieben der Vernunft an und sind dem nichtverstehenden Genießen untergeordnet: Sie dürfen ihm beiherspielen. Aber sie konstituieren nicht das gute Leben.

TUE DAS, WAS MÖGLICHST WENIGE TUN!

Dieser Imperativ befiehlt trotzdem nicht kategorisch, nicht einmal hypothetisch. Er tut nur so. Oder doch? Wenn das jeder täte? Es tut aber niemals jeder! Man sieht doch wohin es führt, wenn alle dasselbe tun: in den Massentourismus, in den Leistungszwang, in die Rentenversicherung. Nur unter solchen Umständen kann der Grundsatz des guten Lebens nicht anders lauten als: »Tue das, was möglichst wenige tun!« Aber ein Ethos des Nichtverstehens kann nur empfehlen, obgleich dessen Moralprinzip lauten müßte: »Handele so, daß die Maximen deines Wollens möglichst nicht verallgemeinerbar sind!«

Aber ist Nichtverstehen nicht doch verallgemeinerbar? Leider! Man entgeht ihr nicht, der Metaphysik! Wie entgeht man der übergreifenden allgemeinen Idee einer Menschlichkeit? Wie läßt sich Menschlichkeit als Ereignis verstehen? Das kann weder immer, noch überall geschehen. Eine solche Menschlichkeit besäße keine stabile, vielmehr eine oszillierende bzw. gar keine Struktur. Diese Menschlichkeit stellt ein schwankendes Verständnis dar. Ein solches Wort kann sich nicht auf eine bestimmte Anthropologie stützen. Der Mensch ist nicht, er ereignet sich, d.h. er muß jedes Mal anders verstanden werden, jedes Mal nicht verstanden werden.

DAS FALSCHE SPIEL DES VERSTEHENS

Es scheint zwei Sorten von Spielen zu geben: das Leben und die richtigen Spiele. Ansonsten kann man die Ereignisse im Leben im Sinne von Spielen interpretieren. Das wären die falschen Spiele, jene Spielchen nämlich, die keine Spiele sind, weil ihnen der klare Rahmen und die festgelegten Regeln abgehen. Statt dessen sind sie ernst, fehlt ihnen jede Lässigkeit oder »Coolness«, eignet ihnen bestenfalls »Die unerträgliche Leichtigkeit des Seins« (Milan Kundera). Man könnte von Politik oder Technik reden. Anstatt ein Spiel zu spielen, betreibt man eine Politik oder übt sich in einer Technik. Man folgt einer Philosophie.

Diese falschen Spiele des ernsten Lebens beruhen in jeder Hinsicht auf dem Verstehen wie dem Nichtverstehen. So ist das Verstehen selbst ein Spiel, und zwar ein falsches, jenes dessen Regeln nicht festgelegt sind, dessen Regeln sich laufend ändern, die die Beteiligten ändern können, ohne es mit allen Beteiligten abzusprechen. Man kann auf diese Weise betrügen oder hinters Licht führen. Manchmal mißlingen solche Regeländerungen bzw. können sich nicht durchsetzen. Verstehen könnte als ein falsches Spiel verstanden werden, wie umgekehrt falsche Spiele Varianten des Verstehens darstellen. Das Leben als Spiel verstehen, will dann sagen, daß man sich auf das Schwanken des Verstehens einläßt, aus ihm heraus lebt. Verstehen heißt derart: das falsche Spiel des Lebens spielen. Verstehen ist ein Falschspiel, ein Spiel ohne Regeln bzw. mit fakultativen, keinen obligatorischen Regeln. Das Leben ist weder eine Schachpartie noch ein Videospiel.

KANN DER COMPUTER NICHTVERSTEHEN?

Die richtigen Spiele mit festgelegtem Rahmen und klaren Regeln haben das Verstehen nötig, allerdings ein beschränktes, bei dem die Dimension des Nichtverstehens in den Hintergrund tritt. Auch ein Computer kann Schach spielen. Wie aber bringe ich dem Computer Nichtverstehen bei?

Umgekehrt läßt sich eine organisierte Form von Verstehen, beispielsweise in der Mathematik, den Natur- und den Technikwissenschaften, durch solche richtigen Spiele erläutern. Dann sind die Regeln leicht zu verstehen und den Beteiligten bekannt. Sie können nicht ohne weiteres geändert werden. Ändert man Bedingungen und Regeln, spielt man ein anderes Spiel, d.h. ein Paradigmenwechsel, eine wissenschaftliche Revolution hat stattgefunden. Wittgenstein bedient sich beider Spielformen, um mit seinem Begriff des Sprachspiels die Frage nach der Bedeutung zu klären, wobei das falsche Spiel den weiten Horizont des Verstehens umschreibt: Man tut so, als würde man ein Spiel spielen. Man verdrängt, daß diesem Spiel die klaren Regeln abgehen.

DAS LEBEN SPIELEN HEISST, ES VERSTEHEN

Ist das Leben als solches kein Spiel? Wenn man Biologen, Ökologen, Kosmologen oder Aristotelikern zuhört, dann könnte man das Leben höchstens mit dem richtigen Spiel vergleichen, das klare Bedingungen und feste Regeln besitzt. Gibt es aber keine Metaebene, wie beim richtigen Spiel, von der aus die Bedingungen des Spiels festgelegt werden, dann verliert das Leben den Spielcharakter. Es wird ernst, weil man nicht aus ihm heraustreten kann. Spiele sind zwar intern auch ernst, aber erhalten ihren spielerischen Charakter erst dadurch, daß man nur dann spielt, wenn man will.

Besagte Gruppe von Metaphysikern würde dem Spielcharakter des Lebens zwar generell widersprechen. Sie wollen dem Leben einen höheren Ernst verleihen. Für Alasdair MacIntyre z.B. hat der Mensch im Laufe seines Lebens zwar seine verschiedenen Rollen zu spielen – als Sohn, Soldat, Bürger, Familienvater, Diener Gottes etc. Doch das ist kein Spiel, sondern der tiefe Ernst einer Vorstellung von stabilisiertem Leben. In einer solchen Welt heißt Verstehen und Spielen, bestimmten Regeln folgen und die oszillierende Kraft des Verstehens zu meiden. Und so ebneten die Metaphysiker jener Vorstellung den Weg, die das Leben als richtiges Spiel versteht: Von Goethes erstem »Wilhelm Meister« als *theatralische Sendung* bis zu Sartres »Das Spiel ist aus«. Wenn das Leben bestimmten Regeln folgt, dann ist es wie ein Spiel. Tragisch für die Metaphysik: Der Weg führt von Thomas von Aquin direkt zu Sartre – und leider darüber hinaus. Er löst das Leben im Spiel auf und dann das Spiel im Leben.

Der Lebensspielbegriff kann sich nur an den falschen Spielen orientieren: Das Leben ist ein falsches Spiel! Oder anders: im Leben wird immer falsch gespielt. Es gibt schließlich keine klaren Regeln und keine festgelegten Bedingungen – deswegen die notorischen Bemühungen um Ordnung bzw. die Anstrengungen, das Leben richtig und nicht falsch zu spielen. Insofern könnte dieser Lebenspielbegriff dazu dienen, das metaphysische, stabilisierende Denken vom postmetaphysischen, oszillierenden Denken zu unterscheiden, somit die traditionelle Hermeneutik von einer negativen. Wer das Leben als falsches Spiel versteht, der läßt sich von keinem höheren Ernst beeindrucken, der sieht sich einem instabilen Leben anheimgegeben, ohne daß man gegen dieses Schwanken irgend etwas unternehmen könnte: Leben heißt falschspielen!

Das Verstehen ähnelt diesem falschen Spiel des Lebens. Es stellt eine andere Formulierung desselben dar. Auch die Regeln des Verstehens ändern sich wie im falschen Spiel andauernd. Überall dringt es ein, findet es statt und hört nicht auf. Man kann aus ihm nicht heraustreten, um von einer höheren Ebene aus Überblick zu gewinnen. Verstehen heißt, mit anderen falschspielen oder mit der Welt falschspielen, alleine oder in Gesellschaft spielen, ohne daß man in der Lage wäre, das falsche Spiel zu beenden. Begreift man das Leben als solches

falsches Spiel des Verstehens, beginnt das Leben zu oszillieren. Leben, Spielen oder Verstehen begegnen sich in der Falschheit.
Gleichfalls der letzte Akt, den man aktiv betreiben kann, der Selbstmord, gehört noch zum Spielen als Verstehen: ein letzter Akt der Interpretation, der die Umwelt definitiv zur Deutung zwingt, während sich der Gedeutete jeglicher Antwort entzogen hat; ein letzter Akt der Interpretation, der das eigene Leben in ein bestimmtes Licht tauchen soll, extrem wenn man sich für seinen Gott umbringt. Man ist im Spiel, im falschen Spiel, so wie man versteht, solange man lebt; davon haben Hegel, Hölderlin und Schelling bei ihrem Tarock-Spiel im Tübinger Stift geahnt, als in Paris die Revolution tobte. Soweit man ausweglos im falschen Spiel ist, perpetuiert sich dieses falsch gespielte Verstehen als Nichtverstehen, als Wiederholungszwang. Der Mensch ist gezwungen, falsch zu spielen bzw. zu verstehen.
Wenn man aufhört, die Welt zu verstehen, dann ist man nicht mehr im Spiel: Alzheimer oder Rinderwahn. Der notorische Ernst des Besessenen, missionarischer Eifer oder die Drohung mit dem Ausnahmezustand gesellen sich leicht zu solchem Wahn. Dann kann man nicht von einem würdigen menschlichen Leben reden, das sich gegenüber der Welt offen und nicht ausgrenzend verhält. So ist anzunehmen, daß der klinisch Schizophrene nicht spielt und nicht versteht. Sein Ich vermag sich nicht so stark zu konsolidieren, daß es sich in Differenz zur Welt versteht und daher versuchen muß, die Welt zu verstehen. Der Schizophrene lebt einfach in der Welt. Er ist eins mit seiner Welt, wie sich Büchners »Lenz« auf seinen Wanderungen durchs Gebirge eins mit der Natur fühlt. In dieser Einheit fehlt die Differenz, die das Leben spannend macht, die nötigt, es verstehen zu müssen, und die daran notorisch scheitert. Lenz langweilt sich.
Auch die mystische Einheit ist kein Verstehen, sondern ein Anheimgegebensein an die Welt. Sie ist kein Spiel, sondern tiefer religiöser Ernst – wahrscheinlich aus Einsicht in die Fragwürdigkeit des Verstehens, die es auszuschalten gilt und die durch kein geregeltes Spiel des Verstehens auszuschalten ist, wie es die theologische Hermeneutik seit ihren Anfängen versuchte. Mystiker sind gemeinhin Essentialisten. Für Meister Eckhart herrscht im Grunde das größte Schweigen dort, wo eine negative Hermeneutik das Chaos der Differenzen vermutet.[10] Die *unio mystica* weigert sich, das falsche Spiel des Verstehens zu spielen. Ob ihr das gelingt, bleibt fraglich. Verstehen setzt den Menschen in Differenz zu seiner Welt. Wenn er sich dagegen in mystischer Einheit wiegt, dann kann er nicht mit der Welt spielen bzw. gibt es nichts mehr in der Welt zu verstehen – ein protestantisch zu meidender Zustand negativer Hermeneutik. Demgemäß wird alles gleichgültig, erweist sich die Mystik als eine rationale Form der Schizophrenie.

Deshalb hat Derrida darauf hingewiesen, daß die Dekonstruktion keine Mystik ist. *Eine negative Hermeneutik*, selbst wenn sie ihre Historie durch die negative Theologie legt, hat keine besonders starke mystische Ader. Die Einsicht in das falsche Spiel des Verstehens, in das Nichtverstehen und in den Wiederholungszwang als Triebfeder jeder praktischen Vernunft läßt einer *unio mystica* kaum Spielraum. Der existiert heute vornehmlich im Kino. Man soll nur nicht meinen, das wäre keine Realität, im Gegenteil; aber keine Realität des Falschspiels.

Das falsche Spiel des Sports als ernste Angelegenheit

Ein dubioses Spiel betreibt der Sport. Spannend ist er dort, wo er Züge des falschen Spiels annehmen kann, wo seine Regeln in instabilen Zusammenhängen befolgt werden müssen, beim Fußball, weniger beim Speerwurf, wo die Regeln nur den äußeren Rahmen ergeben, innerhalb dessen dann zielorientiert, aber nicht klar festgelegt operiert werden kann. Ein falsches Spiel treibt der Sport nicht beim gezielten Regelverstoß, der zum richtigen Spiel gehört, das Regeln vorgibt.

Man könnte meinen, soweit heute der Sport eine ernste Angelegenheit geworden ist, nicht nur durch Professionalisierung, sondern ob seiner Lebensbedeutsamkeit für seine Zuschauer, soweit würde er Falschspielcharakter annehmen und in den Wirbel des Verstehens geraten. Doch so einfach präsentiert sich die Sachlage nicht. Als ernste Angelegenheit verliert er keineswegs das Moment des richtig Spielerischen und nähert sich nicht automatisch dem falschen Spiel an. Denn in der Ernsthaftigkeit des Sports verlängert sich die Metaphysik des Abendlandes. Hier funktioniert sie noch ausgezeichnet. Schon die antiken olympischen Spiele sollten den Menschen die Chance bieten, ihre Heldenhaftigkeit vorzuführen. Nachdem die Phalanx sich militärtechnisch ausgebreitet hatte, boten sich im Krieg weniger Gelegenheiten, Heldentum zu beweisen, war das Überleben des einzelnen nicht mehr seinem Geschick geschuldet, sondern weitgehend dem Zufall. Heute hat sich der Sport fast überall auf eine ernste Arbeit reduziert, sei es im Leistungssport oder beim Gesundheitssport, von seiner Rolle als militärische Vorübung ganz zu schweigen, die in der Kriegergesellschaft der ersten Hälfte des 20. Jahrhunderts stärker verbreitet war als heute. Spiel ist er fast nur bei Kindern und auch nicht in der Schule.

Man kann mit dem Sport sein Leben stabilisieren; man wird aber wie in jedem echten Spiel erleben müssen, daß dergleichen Bemühungen regelmäßig am Falschspielcharakter des Lebens scheitern. Man kann mit dem Sport dem Leben sogar Sinn verleihen. Um diesen Sinn zu verstehen, braucht es wiederum die Hermeneutik, zunächst (im Sinne dieser Stabilisierungsbemühung) jene ältere, traditionelle Form, die noch von einem bestimmten Sinn ausgeht, den es zu entbergen gilt, wie die theologische Hermeneutik der Bibel nicht die Pluralität der Auslegung, sondern einen Einheitssinn offenbaren soll. Dabei wußte schon der Talmud, daß Sprache und Schrift der Auslegung bedürfen, die sich trotz des monotheistischen Gottes nicht auf einen einzigen Sinn beschränken läßt. Im Gegenteil, die Vielfalt der Auslegung ist unvermeidlich, heißt es an einer einschlägigen Stelle des Talmud: »Die einen und die anderen sprechen die Worte des lebendigen Gottes aus.«[11]

Der Sport setzt die olympische Idee fort. Diese sollte eine Einheit unter den Griechen und soll heute eine Einheit unter den Menschen stiften. Während der olympischen Spiele in Nagano wurden die USA aufgefordert, keine militärischen Angriffe gegen den Irak zu unternehmen. Als ernste Angelegenheit ist der Sport kein falsches Spiel und ein richtiges in eingeschränkter Weise. Vielleicht ist er eine der letzten großen Bemühungen, dem falschen Spiel der negativen Hermeneutik des Lebens entgegenzuwirken, umfassend stabilisierend zu wirken, wenn trotz allen globalen Geredes umfassende Ideen die Welt nicht mehr zu stabilisieren vermögen. Der Sport unterscheidet korrekt zwischen richtigem Leben und richtigem Spiel. Diese metaphysische Stabilisierungsbemühung kippt, wenn das richtige Spiel ernster wird, so daß es zum richtigen Leben avanciert und damit zum falschen Spiel. Daher die Klage, daß der Sportler nur Geld verdienen und nicht der Nation dienen will.

Der Sport also übernimmt die Rolle des falschen Spiels, wenn sein sportlicher Ernst schwach wird – keiner spielt mehr um die Ehre oder um des Spieles willen –, so daß er jener Welt entspricht, die nicht umhin kann, mit einer Vielfalt von Interpretationen und Weltauffassungen zu leben, in der Verstehen sich dessen bewußt ist, daß es nicht versteht. Der Sport muß zu einem falschen Spiel avancieren, um nicht einer fixen Idee von echtem Spiel zugerechnet zu werden. Er muß professioneller werden, ernster; es muß um immer mehr Millionen gehen. Erst dann kann in ihm jenes falsche Spiel gespielt werden, dessen Spielcharakter nicht im Ernst, sondern in der Ironie aufgehen könnte: wenn der Ernst ins Absurde umschlägt – wenn man für Schalke sterben will – noch dazu für Schalke!

ES KOMMT DARAUF AN, SIE ZU ERLEBEN!

»Die alten vielen Götter, entzaubert und daher in Gestalt unpersönlicher Mächte, entsteigen ihren Gräbern, streben nach Gewalt über unser Leben und beginnen untereinander wieder ihren ewigen Kampf. Das aber, was gerade dem modernen Menschen so schwer wird, und der jungen Generation am schwersten, ist: einem solchen *Alltag* gewachsen zu sein. Alles Jagen nach dem ›Erlebnis‹ stammt aus dieser Schwäche. Denn Schwäche ist es: dem Schicksal der Zeit nicht in sein ernstes Antlitz blicken zu können.«[12]

Aber, mein lieber Max Weber, was soll man auf der »Titanic« anderes tun, wenn man keinen Platz im Rettungsboot bekommt, als bis zuletzt zu tanzen und zu spielen. Dergleichen apokalyptische Visionen beseelen heute viele Zeitgenossen, obwohl sie doch soeben die Jahre 1998 und 1999 offenbar überlebt haben, ohne daß die apokalyptischen Reiter die Bösen vernichtet hätten und es nun an den Guten wäre, karg, bescheiden und gottesfürchtig endlich das Reich Gottes auf Erden zu errichten. So müssen sie weiterhin auf *die Ankunft des letzten Gottes* warten, ohne zu begreifen, daß er längst gekommen ist, nur nicht die Kraft und Herrlichkeit mitbringt, sondern das Ende der Metaphysik einläutet. Nietzsche und Heidegger haben ihn angekündigt: Welcher Gott kann die Einsichten der modernen Wissenschaften überleben? Sicherlich nicht der Gott der Ordnung und der Metaphysik, höchstens jener, der sich mit dem Chaos bzw. dem ockhamschen Esel umschreiben ließe.

Angesichts eines verflüssigten Nordpols erklärte der »Deutsche Naturschutzring« laut »Süddeutscher Zeitung« vom 22.8.2000: »Jetzt ist Schluß mit lustig.« Doch genau dieses Spiel wird gegenüber jenen weiterhin gespielt, die solche Sprüche klopfen. Welchen Sinn hätte ein ernstes Leben? Ob diese Angelegenheit am Nordpol ernst ist oder nicht, es darf weiterhin gelacht und sich vergnügt werden. Weder muß man sich von apokalyptischen Visionen plagen lassen, noch muß man statt dessen der Zeit unbedingt in ihr ernstes Antlitz blicken. Warum sollte man nicht dessen heitere Variante vorziehen? Warum soll man nicht mit der Schwäche kokettieren? Der Mensch ist schließlich ein erlebnisfähiges Wesen. »Look at the bright side of life!« Ist es nicht die reine geistige Leere, die aus diesen Worten spricht! Will »Das Leben des Brian« nicht den Hedonismus brandmarken? Doch das Werk entzieht sich den Intentionen des Autors, weiß Adorno. Ernst ist es nur jenen, die Reiche aufbauen und Natur- oder Sozialsysteme retten wollen und dazu eine opferbereite Gefolgschaft brauchen: Keiner zahlt gerne ohne Gegenleistung. Keiner opfert gerne sinnlos sein Leben. Wenigstens ernst sollte es dabei zugehen und nicht in eine Blödelei ausarten. Das wäre zynisch!

Offenbar ist das Erlebnis ein gesteigertes Bedürfnis, wenn eine technische Welt ein hohes Maß an Sicherheit wie an Wiederholung produziert. Es ist gerechtfertigt, wenn Menschen nach dem Erlebnis suchen, obgleich es keiner Rechtfertigung dazu bedarf. Man kann es zwar als hohles Vergnügen bekritteln – als ob eine karitative Beschäftigung wertvoller wäre – aber es bleibt eine freie individuelle Angelegenheit, sich für das billigste Erlebnis zu entscheiden. Das noch so ehrenwerte soziale Engagement hat nicht mehr Wert, wenn es auf metaphysische Ordnungen verzichten muß, wenn ihm keine höhere Weihe verliehen wird. *Die Ankunft des letzten Gottes* raubt ihm just diese Bedeutung, verleiht sie ihm nur noch im Kino. Dort ist der Sinn soeben frisch eingetroffen.

Weil es der Instabilität huldigt, steht das Erlebnis im schlechten Ruf bei jenen Menschen, die sich um die Stabilität der Welt bemühen. Das Erlebnis ist nichts Bleibendes. Anstatt sich also für einen Batzen Geld auf den Mount Everest führen zu lassen, sollte man lieber sein Geld sparen. Erlebnis ist höchstens in kleinen Maßen akkreditiert, zur Erholung, im Verein, zur Festigung der Gemeinschaft. Das Übermaß gilt als frevelhaft, eben egozentrisch, hedonistisch etc. Politiker haderten schon immer mit dem Freizeitpark, in dem die Bürger das Geschäft der Politiker nicht besonders ernst nehmen, sondern Besseres vorhaben.

Das Erlebnis verbindet. Es ermöglicht Begegnungen zwischen Menschen, aber zum Wert an sich erhoben stiftet es keine Ehen oder höchstens solche, die auf Treibsand gebaut sind. Das Erlebnis vergeht mit der Zeit und mit ihm die Liebe, die dem Erlebnis entspringt. Aber welche Liebe entspringt nicht dem Erlebnis? Nur eine solche, die die Eltern oder Institutionen gestiftet haben.

Das Erlebnis eröffnet Dimensionen des Verstehens, weil seine Struktur einer negativen Hermeneutik entspricht. Das Erlebnis entzieht sich, will man es festhalten. Man muß, um erleben zu können, etwas von diesem Schwinden begreifen, von dieser Instabilität ahnen, von dieser schwankenden Existenz spüren, ohne vor dieser fliehen zu wollen. Die Menschen, die dem Erlebnis nachjagen, so haltlos und hohl es auch sein mag, befinden sich in einer Situation, in der sie keine festen Orientierungen haben. Ob sie damit zurechtkommen oder ob sie neurotisch sind, ob sie glücklich oder unglücklich werden, das ist insoweit gleichgültig, wie sich dadurch im Hinblick auf diese instabile Situation nichts ändern kann. Glück ist weder ein gutes Argument für die Existenz Gottes noch für die schwankende Existenz des Menschen. Wahrheit wäre ein etwas besseres; leider nur ist die Wahrheit eher schwach als stark. Zwar tobt sich der Erlebnishunger bei vielen Menschen nur in der Freizeit aus, aber dort erleben sie etwas von der schwankenden, instabilen Existenz, z.B. im Stau am »Hillary-Step«. Sie könnten in ihrer Freizeit, am Sonntag, in die Kirche gehen und sich Argumente und Stimmung zur Restabilisierung ihrer allseits schwankenden Existenz holen. Vielleicht sind die orientierungslosen und erlebnissüchtigen Menschen deshalb den Metaphysikern ein Dorn im Auge, weil diese spüren, daß sich jene Orientierungslosen nicht von der apokalyptischen Drohgebärde schrecken lassen. Die Wahrheit als adäquate Einsicht in die Welt war einst ein Motiv zum Handeln. Heute, als kontingente und arbiträre bloße Interpretation ihrer selbst, hat sie an Charme und Stärke verloren. Sie animiert nicht mehr zur letzten Anstrengung, die Zukunft in Stalingrad oder im Regenwald zu verteidigen. Sie ist nur noch zu verstehen, somit nicht zu verstehen. Wahrheit ist nicht verstehbar. Wie sagte doch der alttestamentliche Gott: »Ich bin, der ich bin.« Wer soll das verstehen?

Verstehen wiederum, das sich an sein Nicht- und Mißverstehen erinnert, das situiert sich selbst in einer Welt, die nur erlebt werden kann. Verstehen und Erleben sind falschspielerische Umgänge mit einer instabilen Welt, wenn es darum geht, nicht in Panik zu geraten und nicht unter seinen Neurosen zu sehr zu leiden. Verstehen und Erleben treten jener tragischen und leidenden Haltung entgegen, bei der sich die Menschen ob der instabilen Verhältnisse notorisch als Opfer, als Scheiternde, als Leidende und als ungerecht Behandelte vorkommen und sonst nichts in der Welt verstehen. Die leidende Gestalt, die sich gegen die Verhältnisse auflehnt, gar alle Verhältnisse umstürzen will, ähnelt in einer Welt, die keinen harten Kern der Wahrheit, kein Oben und kein Unten mehr besitzt, jenem bekannten literarischen Ritter von der traurigen Gestalt. Diese leidende Gestalt (der Wahrheit) schließt entweder von ihrem eigenen Leiden auf das aller oder suggeriert sich aus Erlebnissen der Ungerechtigkeit eine verdorbene Welt. Doch die Verdorbenheit ist Interpretation, wenn auch eine, die sich auf den Diskurs von Franz von Assisi über Karl Marx bis zu Michel Foucault stützen kann (also auf eine honorige Ahnenreihe zurückblickt): So ehrenwert dieser Diskurs ist, geht er heute trotzdem in einer Welt unter, der hegemoniale Diskurse mangeln – das ist der Sinn der These vom Werteverfall.

Was dann? Worauf kommt es heute an? – »Die Philosophen haben die Welt nur verschieden *interpretiert*, es kommt darauf an, sie zu erleben«. Dann kann man sie vielfältig verstehen, mißverstehen, nicht verstehen. Ich schäme mich ja, die 327. Variante des marxschen Urwortes zu wiederholen. Doch ich fühle mich mit dieser hier gar nicht weit vom marxschen Sinn entfernt. Die Industriewelt – eingeleitet durch eine protestantische Arbeitsethik, die alle Lebendigkeit und Unsachlichkeit verfemte – animierte die Leute zum Erlebnis, was bis heute in die Informationswelt hinein wirkt und längst zu einem tragenden Pfeiler dieser modernen Kultur wurde. Für viele Menschen einer Welt, die noch nicht zum Freizeitpark avanciert war, hieß das Erlebnis sogar Subversion und Revolution, und das damit verbundene Heldentum huldigte zugleich noch franziskanischer Moralität. So trieben sich die Revolutionäre des vorletzten Jahrhunderts – und auch noch die des letzten – in den Salons quer durch Europa herum, rauchten erlebnishungrig und warteten auf die Gelegenheit des Aufruhrs. (Lenin beispielsweise hat sie genützt.) Die 68er mit ihrem Antikonsumismus hatten folglich nicht recht, wenn sie den Freizeitpark als Ablenkung der Arbeiter von der Revolution verstanden. Sie halfen als ebenfalls erlebnishungrige Hippies mit, ihn touristisch zu globalisieren. Am Ende hat der Freizeitpark den Realsozialismus besiegt. Soweit es nicht selbst in die Metaphysik einkehrt, könnte das Erlebnis die meisten metaphysischen Illusionen überleben, allemal jene politischen Ambitionen, die von ehrwürdigen Ordnungen, großen Krisen oder ernsten Problemen träumen. Da müßte glatt die Apokalypse kommen! Aber entweder ist Gott auf der Seite der Bösen und hat den Nazis in Auschwitz geholfen, was nicht sein kann, da er sie untergehen ließ. Oder er greift nicht mehr ein, weder lenkend noch ausgleichende Gerechtigkeit übend: der Gottesmythos des Hans Jonas, nach dem Gott dem Menschen die Verantwortung für die Schöpfung überlassen hat, scheint gar nicht so absurd.[13]

Die hermeneutisch gesicherte Existenz

Die Begeisterung hält sich gemeinhin in Grenzen, wenn das Wort Hermeneutik fällt. Und erst recht, wenn mit verständnisvollem Blick die Aufforderung erfolgt: Du mußt nur genau hinhören, dann verstehst du schon! Es gibt einen therapeutischen hermeneutischen Gestus, der an christliche Missionare erinnert und dem Habitus in psychologischen Selbstfindungsseminaren ähnelt. Nicht selten ist er unter sinnsuchenden Heideggerianern anzutreffen. Dort gilt man schlicht als unsensibler Mensch, der nicht gut hört, wenn man einfach nicht versteht, obwohl man sich alle Mühe gibt, richtig hinzuhören. Wenn man denn wüßte, wie das geht! Aber dazu braucht man wohl eine gewisse mystische Ader und – nicht zu vergessen – den ernsthaften Sinn für das Wesen des Anwesens oder etwas schlichter: für das eigentlich Wesentliche auf der Welt. Wenn man sich darüber so sicher sein könnte!

Es gibt einen euphorischen Zustand, in den man gerät, wenn man etwas schier Unbegreifbares endlich verstanden hat. Eine hermeneutische Euphorie bricht aus, die die Metaphysik antreibt. Denn wenn man die Welt versteht, dann fühlt man sich sicher. Wenn man außerdem zuvor zutiefst verunsichert war, dann mischt sich unter dieses Gefühl plötzlicher Sicherheit ein Augenblick der Begeisterung: die Spannung schwindet, die Angst hört auf, eine lichte Zukunft scheint auf.

Man kennt dieses selige Lächeln von Frischbekehrten, vornehmlich jungen Leuten – die alten Frauen am Bahnhof mit dem Wachturm blicken wieder finster. Die jungen haben gerade einen Sinn, Sicherheit und eine Zukunft erhalten. Bei den älteren Damen erweist sich dagegen, daß der Sinn von Zukunft schwindet, und die Sicherheit trotz aller Verheißungen dementsprechend nicht mehr richtig zu motivieren vermag.

Es ist kein Wunder, daß die Hermeneutik aus den Tiefen der Metaphysik herstammt, daß die Nachrichten des Götterboten aus der Bibel zu entschlüsseln waren. Die Macht über die Decodierung verhieß die Macht über den Code, die Macht über alle Vorstellungen, und somit über die Zukunft.

DIE ERNÜCHTERUNG DER HERMENEUTISCHEN BEGEISTERUNG

Dagegen das Dilemma jeder Form der Futurologie: noch ist kein Weg in Sicht, der ihr aus der Metaphysik heraushelfen würde. Da die abendländische Metaphysik von der Repräsentation, von der Vorstellung beseelt ist, wird sie auch von einem zukünftigen Denken beherrscht. Zukunft ist die Form der Repräsentation selbst. Sie zerrt den Menschen aus der Gegenwart. Er glaubt, sich nur dort wohl fühlen zu können, wo er niemals ist und nie sein wird: in der Zukunft. Deswegen konterkariert das metaphysische Denken die Begeisterung, die es selbst auslöst, wenn es die Illusion der stabilen Welt glaubhaft versichert. Die Repräsentation der Zukunft unterläuft die Präsentation der Gegenwart. Die Vorstellung des Zukünftigen stürzt das Anwesen des Anwesenden in den Entzug, perennierend, das notorische Dilemma des Denkens, wenn keine Auswege aus der Metaphysik gefunden werden. Der verrückt moralische Antrieb für diesen Text, auf den ich gerne verzichtet hätte, nämlich dazu beizutragen, daß der Mensch auf dieser Erde glücklicher lebt, ohne metaphysische Illusionen und ohne erst alle Verhältnisse, in die er geworfen ist, umstürzen zu müssen, wozu seine Lebenszeit sowieso nicht ausreichen würde. Und warum soll der Mensch immer für andere leben, für die Kinder und sonstige zukünftige Generationen? Er darf das selbstverständlich tun. Aber erstens darf er das nicht von den anderen verlangen. Zweitens darf er für sich deshalb keine Vorteile erwarten, z.B. niedrigere Steuern. Es ist kein automatisches Gutestun, wenn man Kinder in die Welt setzt. Auch Kinder sind nicht das Gute schlechthin. Aber – wenn sie denn mal Kant lesen können – hat man immer wieder lustige junge Leute um sich und nicht nur diese griesgrämigen Alten. Nichts ist umsonst, auch nicht die Philosophie.

Wie ich schon sagte: Die hermeneutische Euphorie ist am Ende. Kein Mensch fühlt sich mit sich und der Welt in Einklang, wenn ihm die Welt erklärt wurde. Dazu gehören schon ein paar Offenbarungen – ein Anlaß für den Mißerfolg der großen Kirchen und für den Erfolg von fundamentalistischen Sekten. Die Interpretation ist schwach geworden und kann bestenfalls noch bedeuten, daß man wahrscheinlich nicht versteht. Zu schnell ändern sich die Daten, die noch die Welt erklären könnten und dementsprechend Sicherheit verheißen. Zu häufig hat man die Erfahrung gemacht, daß sich das Weltbild wandelt. Geschichtsbewußtsein führt nicht mehr in eine Identität mit einer eigenen Tradition, sondern zum Bewußtsein der Pluralität der Lebensformen und Weltbilder: das Ende des Sinns von Nationalgeschichte. Ist es heute nicht wirklich absurd, für sein Weltbild zu kämpfen, unerschrocken dafür einstehen, wie es Josef Schumpeter propagiert, gerade wenn man weiß, daß die eigenen Überzeugungen relativ sind? War Lebemann Oskar Schindler nicht viel klüger und erfolgreicher als der Widerstand gegen Hitler?

Begeisterung muß also anderswo herkommen, nicht aus dem Gefühl der Sicherheit, sondern muß sich mit dem Gefühl der Unsicherheit mischen. Man darf keine Angst vor dem Fliegen haben, wenn man im Flieger sitzt. Wenn es nicht anders geht, dann muß man sich mit Drogen wie z.B. Alkohol und Zigaretten das Fliegen erleichtern – und sei es als agnostische Variante des Betens. Sich ausbreitender Drogenkonsum könnte mit dem Niedergang stabiler Weltbilder einher gehen. Nur wird man Drogen nicht dadurch bekämpfen können, daß man die Leute auf den Weg zum rechten Glauben zurückführt, wenn es keine Autorität mehr gibt, die diesen durchsetzt. Wenn die historischen Erfahrungen notorisch das Scheitern metaphysischer Stabilisierungsbemühungen vorführen. So heißt die hermeneutische Erfahrung, daß Weltbilder wirklich nur Weltbilder sind: Daß Verstehen wesentlich Nichtverstehen heißt. Wenn sich die Hermeneutik pluralisiert, wenn sie ihre Negativität einsieht, dann muß man das Ende der Dialektik, der Überwindung, des Fortschritts verwinden und nicht nach einem Neuanfang suchen. Wenn dieser *Sprung* gelingt, dann könnte Begeisterung aufkommen. Eine gewisse Euphorie breitet sich aus, wenn es gelegentlich gelingt, jenseits der Metaphysik zu sprechen, selbst wenn man nie sicher sein kann, ob das wirklich der Fall ist. Oder ist es Ernüchterung?

NICHTVERSTEHEN ALS STIMMUNG

Ob man sich diesseits oder jenseits der Metaphysik fühlt, das ist wohl primär eine Frage der Gestimmtheit. Nicht durch Zufall redet man bei Umfragen in Politik und Wirtschaft vom Stimmungsbarometer. Wahrscheinlich prägt sich eine Epoche durch eine gemeinsame Gestimmtheit der Zeitgenossen. Die berühmte »Fin de Siècle«-Stimmung am Ende des vorletzten Jahrhunderts oder das Bewußtsein der ökologischen Krise in den achtziger Jahren des letzten markieren Epochengrenzen.

In diesem Sinne ist die Postmoderne wahrscheinlich weniger durch eine gemeinsame Stimmung als durch ein gemeinsames Mangelbewußtsein gekennzeichnet, durch Orientierungslosigkeit und Wertepluralisierung. Dergleichen gibt weniger gemeinsame Gestimmtheit, weil jeder auf seine Weise darauf reagieren muß und seine individuellen Werte entwickelt. Solche Gemeinsamkeit impliziert, daß es kaum noch selbstverständliche Gemeinsamkeiten gibt, daß vielmehr diese nur erfunden werden können.

Umgekehrt, gerade angesichts der Kontingenz und Optionalität der Werte im Zuge der allgemeinen Pluralisierung, sind die Menschen von ihren individuellen Werten manchmal um so überzeugter, da sie sich nur auf sich selbst und nicht auf eine übergeordnete Allgemeinheit stützen können. Sie müssen sie selber verteidigen und werden dabei aggressiv. Für den einen kann der Wert in einer bestimmten Joghurt-Sorte liegen, eine Lächerlichkeit für die Andere, aber eine Differenz, die so groß werden kann, daß man nicht mehr miteinander leben will: Das ist noch der individualistische Nachhall der ideologischen »Zeit des Weltbildes« (Heidegger).

Kontingenz wie Optionalität besitzen also ambivalenten Charakter. Sie verbreiten ebenso eine metaphysische Stimmung, und mag es auch so scheinen: Kontingenz und Optionalität von Werten sind heute nicht das Gute schlechthin. Es gibt nichts schlechthin Gutes mehr, auch keine posttraditionalen Tugenden wie Toleranz oder Nichtverstehen. Individualismus macht sich in der Gestimmtheit der Epoche breit, ein Individualismus, der sich häufig als Hedonismus zeigt und sich weitgehend in metaphysischen Terminologien artikuliert.

In einem kleinen Kreis von Leuten, die von der neueren französischen Philosophie inspiriert sind, verbreitet sich eine gewisse postmetaphysische Stimmung. Die meisten dieser Leute sind keine Hermeneutiker. Diese genießt in solchen Kreisen einen schlechten Ruf von Restmetaphysik, den ihr jene Leute eingebracht haben, die auf die Erklärung des Nichtverstehens zum genauer Hinhören auffordern, und zwar regelmäßig in der besonders betonten zweiten Person, Singular. Aber postmoderne hermeneutische Ansätze, so bei Gianni Vattimo, bedienen sich zwangsläufig auch metaphysischer Terminologien, um das fragwürdige Selbstverständnis der Epoche zu umschreiben.[14] Insofern kann man von einer postmodernen Stimmung der Epoche nur dort sprechen, wo Individualität, Orientierungslosigkeit und Werteverlust zwar herrschen, aber beklagt werden. Wenn die Epoche über ein schlechthin Gutes nicht verfügt, ist das die einzig mögliche adäquate Antwort.

Langfristig muß die generelle Gestimmtheit mit einem bestimmten Verständnis von Sprache zusammenspielen, so daß sich ein anderes Sprechen entfalten könnte, von dem momentan noch sehr wenig sich ankündigt. Wenn man sich immer stärker jenseits der Metaphysik empfindet, wenn sich diese Gestimmtheit immer weiter verbreitet, könnte irgendwann das Ende der Metaphysik gekommen sein, weil man dann die Sprache anders versteht, nicht mehr als Repräsentation, sondern als Differenz, als Veränderung, als Verschiebung und Verdichtung. In der Sprache repräsentieren sich keine Inhalte, die verstanden werden müssen, sondern Differenzen schließen aneinander an, die deutlich werden lassen, wie sehr jedes Verstehen vom Nichtverstehen abhängt. Dergleichen ist nicht durch eine Theorie zu bewirken, sondern es entsteht, wenn man plötzlich nicht mehr das Gefühl hat, in einer metaphysischen Sprache zu sprechen, oder es nicht mehr nötig ist, Nichtmetaphysisches noch metaphysisch zu formulieren, damit es verstanden wird. Das Verstehen wird sich einem Nichtverstehen annähern, womit sich die Gestimmtheit der Epoche ändert.

Ein lustiges Nichtverstehen

Die Stimmung der Epoche entfaltet eine gesellschaftliche, wenigstens eine gesellige Dimension. Verstehen findet auch nicht alleine statt. Diese Dimension braucht die Sprache und die gibt es nur aus der Verbindung mit anderen Menschen heraus. Zur Begegnung wie zum Verstehen ist also auch das soziale Miteinander notwendig. Nicht viel verloren hat in der Hermeneutik das augustinische Prinzip: »Gehe nicht nach draußen, kehre in dich selbst ein; im Innern des Menschen wohnt die Wahrheit.«[15] Man versteht Gott nicht – nicht einmal unter der Bedingung des Nichtverstehens. Man versteht nur den anderen Menschen. Verstehen braucht daher die Gesellschaft, Mißverstehen natürlich auch und erst recht Nichtverstehen. Auch die Hermeneutik besitzt selbst in ihrer negativen Variante eine soziale Herkunft.

Allerdings entfaltet sich das Verhältnis zwischen Individuum und Gemeinschaft hermeneutisch nicht im hegelschen Sinne, nach dem die Allgemeinheit erst die Besonderheit konstituieren würde. Das Verstehen hat zwar einen notwendigen Bezug zu anderen. Aber es findet ausschließlich individuell statt. Nichts versteht außer dem Menschen und der versteht auch nur, wenn er versteht, nicht wenn er schläft oder joggt. Verstehen ist nur Verstehen, wenn wirklich gerade etwas verstanden wird. Verstehen ist nicht, wenn es festgeschrieben ist: in großen Ideen, allgemeinen Begriffen, in Bibliotheken oder Computern. Die soziale Dimension des Verstehens reduziert sich auf die unmittelbare Begegnung des verstehenden Menschen. Ich verstehe keine großen, gar kosmischen Zusammenhänge. Je umfänglicher der vermeintliche Gegenstand des Verstehens, um so dunkler und abstrakter bleibt er notgedrungen. »Richtig«: Auch dieses Attribut bezieht sich auf die Weise des Verstehens, nicht auf das vermeintlich Verstandene – also annäherungsweise und gerade nicht objektiv. Und »richtig« verstehe ich nur den anderen Menschen, der mir wirklich begegnet, mit dem ich spreche. Alles, was weiter entfernt ist, wovon mir berichtet wird, gewinnt schon die abstrakte Dimension einer mythischen Erzählung. Wer mit Gott reden kann, hat einen Gesprächspartner mehr, den diejenigen nicht haben, die das nicht können.

Ohne Gott erscheinen der Film und das Fernsehen nicht nur als das schönere, sondern vor allem als das richtige Leben, das eine mythische, höhere Weihe besitzt, ein Leben, in dem wirklich Sinnvolles atemberaubend und erlebnistrunken sich ereignet und als solches verstanden werden kann. Da kann der Inhalt lauter neurotische Gestalten vorführen. Die meisten Menschen würden jederzeit ihre Situation mit den Gestalten im Film tauschen. Oder umgekehrt die wahre Welt endlich in ihr Leben integrieren: Woody Allens »Purple Rose of Cairo« präsentiert zwar eine hochneurotische und hoffnungslos naive weibliche Hauptrolle. Aber so weit weg von unser aller Traum ist die schreckliche Dame wirklich nicht.

Das soziale Miteinander, welches das Verstehen braucht, wie es dieses erst ermöglicht, bleibt jedoch im Konkreten. Die Kinder lernen die Sprache von ihren Eltern und ihrer unmittelbaren Umgebung, nicht von einem objektiven Geist oder gar von der Gemeinschaft der Philosophen. Aus diesem konkreten Miteinander, das sich auf das gemeinsame Band im Verstehen wie im Mißverstehen stützt, entfaltet sich die Gesellschaft, nicht umgekehrt. Lévinas betrachtet den Nukleus der Gesellschaft als die Beziehung zur Anderen. Er überhöht dabei die moralisch motivierende Kraft des Antlitzes des anderen Menschen, das mich in die Verantwortung rufen soll: Allein daraus soll das soziale Band entstehen. Hoffentlich!

Zumindest entwickelt sich die Gesellschaft aus dem Miteinander einzelner Menschen bzw. aus deren Einverständnis untereinander. Das Verstehen, die damit verbundene Differenz, die Begegnung und die darein involvierte Auseinandersetzung mit den anderen Menschen stiftet die Gesellschaft, wenn auch nicht das Politische. Und kann beides nicht anders, als aus dem konkreten Verstehen der Menschen heraus entworfen werden. Wo dann am Ende die Henne oder das Ei war, bleibt nur die metaphysische Frage nach dem Grund. Aber mit dieser Metaphysik des Begründungsdenkens ist das soziale Band nicht mehr zu knüpfen. Das soziale Band braucht vielmehr das Verstehen und hinsichtlich der fragwürdigen Verstehbarkeit der Welt das Nichtverstehen. Das soziale Band des Miteinanders von Menschen realisiert sich in deren Begegnung, in ihrem Verstehen, und läßt sich somit nicht anders als hermeneutisch entfalten, also aus einem Diskurs heraus, wie er sich von Nietzsche und Heidegger her entwickelt hat.

Das Verstehen in einer Welt vieler Lebensformen und Weltbilder, das Verstehen, das mir vorführt, daß es kein einheitliches Verständnis mehr gibt, das Verstehen, das von einer unverständlichen Vielfalt kündet, das Verstehen, das mich lehrt, daß ich nicht verstehen kann, dieses *Verstehen ist das soziale Band* in einer pluralistischen Gesellschaft, die sich auf keine Einheit zu stützen vermag. Es sagt: »Geh' hinaus! Die Wahrheit ist äußerlich, medial, fragwürdig, nicht zu verstehen, und sie muß daher mit anderen diskutiert und abgeglichen werden.«

HILFE, WIR VERSTEHEN!

Um Menschen zu helfen, muß ich sie wirklich nicht verstehen. Das hat nichts mit Nächstenliebe zu tun. Aber prinzipiell wird Hilfe weltweit geleistet, ohne daß man unbedingt danach fragt, wer da wen versteht.

Mehr noch als viele anderen Beziehungsformen mit anderen Menschen setzt die Hilfe trotzdem ein gewisses Maß an Verstehen voraus, vornehmlich dann, wenn es nicht um eine abstrakte Hilfe geht, eine Hilfe in einer allgemein übersichtlichen Situation – wie bei Unfällen, Erdbeben oder Hungersnöten, wo eine gewisse Hilfe keiner dringenden Verständigung mit den Opfern bedarf. Darüber hinaus aber ist richtige Hilfe nur möglich, wenn ich mich mit der Anderen verständigen kann. Nicht zuletzt deshalb ist Hilfe oft zum Scheitern verurteilt. Ich kann nur helfen, wenn ich die Andere verstehe. Aber häufig mißverstehe ich sie gerade in einer prekären Lage – das Dilemma des Verstehens. Trotzdem ist die prekäre Lage ein besonders günstiger Augenblick, einiges über das Verstehen zu lernen, indem sich die Dimension des Mißverstehens, des Nichtverstehens eröffnet, wenn man glaubt, das Wichtigste verstanden zu haben. Das Verstehen braucht die Hilfe wie die Hilfe des Verstehens bedarf und meistens daran scheitert.

Es besteht ein Zusammenhang zwischen einer negativen Hermeneutik und der Frage nach der Hilfe in einer moralischen Perspektive. Im Sinne Kants hilft man, ohne zu verstehen. Wenn man nur hilft, weil man die Andere gut zu verstehen glaubt, dann wäre das gar nicht moralisch. Hier schließt Lévinas an Kant an: Dann bin ich moralisch, wenn ich die Verantwortung für *den Anderen* übernehme, obwohl sich die Andere meinem Verstehen notorisch entzieht, nicht weil ich sie durchschaue. In der Anderen eröffnet sich mir die unerfaßbare Unendlichkeit, die all mein Verstehen aufhebt, letztlich das Antlitz Gottes. Eine negativ theologische Perspektive verbindet sich mit einer negativ hermeneutischen. Erst durch Lévinas' Ethik läßt sich die Perspektive einer Negativität der Hermeneutik entfalten, obgleich sie von Adornos negativer Dialektik ausgeht, nach der der Begriff seinen Gegenstand nie vollständig zu erfassen in der Lage ist. Es bleibt immer etwas, mit dem sich der Begriff nicht gleich setzen kann.[16] Das Nichtidentische entzieht sich dem Begriff wie dem Verstehen.

Doch was bleibt von solcher Moral, wenn sich die Frage des Verstehens an seinem Grunde in Unverständnis auflöst? Dann wäre es nichts Besonderes, moralisch zu sein. Das wäre man allein schon von der Struktur des Verstehens her, das notorisch mit dem Nichtverstehen verbunden ist. Wenn mein Verstehen sich in Nichtverstehen auflöst, wenn Verstehen heißt, ab einem gewissen Punkt keine Fragen zu stellen, die das erreichte Verständnis verunsichern könnten, dann führt das in jene moralische Perspektive Kants, nach der ich meine eigene Moralität nicht verstehen kann, da ich keine Gründe angeben darf außer dem Moralgesetz. Hier muß ich aufhören weiterzufragen, weil sich ansonsten hinter dem Moralgesetz doch materiale Gründe avisieren. Kant wird negativ hermeneutisch gerettet, aber nur in Form des Nichtverstehens jeglicher moralischer Gesetzgebung. Damit wäre Kant nicht einverstanden bzw. nicht verstanden. Denn dann wäre Moralität keine Leistung der Gesinnung mehr, sondern hermeneutisch vorgegeben.

DAS SOZIALE BAND DER NEGATIVITÄT

Was bleibt selbst von der lévinasschen Perspektive, wenn die Unfaßbarkeit der Anderen nicht an deren Unendlichkeit als Ausdruck des Göttlichen liegt, sondern an den immanenten Strukturen des Verstehens, die eine Faßlichkeit der Anderen von den Verstehensmöglichkeiten ausschließen? Dann ruft mich nicht das Antlitz der Anderen in die Verantwortung, sondern mein Mangel an Verstehensmöglichkeiten, mein Nichtverstehen, gar das Mißverstehen mahnt mich, Vorsicht und Umsicht walten zu lassen? Das ist angesichts der technischen Welt und ihrer weitreichenden Möglichkeiten eine weitere wichtige ethische Maxime, die sich aus der negativen Hermeneutik ergibt.

Brauche ich dann überhaupt noch die Andere? Führt eine derartige Ethik nicht in einen Solipsismus? Bleibt somit der einzelne einsam, das liberale Individuum, das von der Anderen unabhängig ist, geschweige denn, daß es einer Gesellschaft untergeordnet wäre?

Ist zur Einsicht in die Strukturen des Verstehens die Begegnung mit der Anderen nötig oder reicht theoretisch zumindest eine abstrakte Auseinandersetzung mit der Welt? Nun ist diese Frage in der Philosophie häufiger gestellt und insoweit durchaus beantwortet worden, wie eine Auseinandersetzung mit der Welt alleine keine Theorien bestätigen kann. Oder marxistisch formuliert (allerdings gegen die Intentionen des Marxismus): Die Praxis bestätigt nicht die Theorie. Also ist an der Natur kein Verstehen zu überprüfen. Für mich alleine weiß ich nie, ob ich die Natur verstehe. Ich merke nicht, wenn ich sie nicht verstehe. Dazu brauche ich die Einsichten anderer Menschen, also die Wissenschaft. Nur daran kann ich mein Verstehen überprüfen und Einsicht in mein Nichtverstehen gewinnen – soweit das denkbar ist. Aus theoretischer Perspektive steht der Mensch nicht allein, auch wenn sich die Welt egozentrisch um ihn dreht.

Zur Einsicht in das Nichtverstehen der Anderen braucht es in der Tat das gegenseitige Verständnis. Nur aus der Erfahrung heraus, daß die Andere offenbar nicht verstanden hat, bzw. daß ich die Andere nicht verstanden habe, daß ich nie sicher sein kann, die Andere verstanden zu haben, bzw. daß die Andere mich verstanden hat, nur aus dieser Erfahrung heraus läßt sich die Einsicht in die negative Struktur des Verstehens gewinnen. Nur aus dieser Erfahrung heraus vermag ich die Einheit von Verstehen und Nichtverstehen, Verstehen und Mißverstehen einzusehen, genauer: zu verstehen. Beziehungsweise ich stehe verständnislos vor einem Phänomen, das sich mir immer wieder entzieht. Ich versuche das Verstehen zu verstehen. Aber das führt mich in hermeneutische Zirkel. Ich kann das Verstehen nicht verstehen. Deswegen bleibt alle Begegnung im Offenen. Deswegen kann ich mich selbst nicht verstehen. Ich kann meine Eindrücke von mir selbst mit anderen kaum besprechen. Deswegen ist die Hermeneutik so schwer nachvollziehbar, tut sie sich selbst so schwer. Der einzige Ort, an dem ich eine negative Gewißheit feststelle, ist die Begegnung mit der Anderen, die Frage, ob sie verstanden habe, und ihre verneinende Antwort. Ich bin also, ob der Negativität der Hermeneutik, auf die Andere angewiesen. Die negative Hermeneutik verhindert, daß der Mensch sich vom anderen Menschen autonomisiert, wenn er nicht verständnislos durch die Welt rennen will. Aber viele wollen das oder merken es nicht.

Ich brauche zu jeglichem Verstehen die Andere und zwar ein vertrauensvolles Verhältnis zu ihr. Ansonsten habe ich keine Hoffnung, geschweige denn ein intuitives Kriterium dafür, ob mich die Andere belügt oder nicht. Ich brauche die Andere nicht nur als andere überhaupt, als irgendwen, als das Vorhandensein anderer Menschen in Gesellschaft, also bloß die anonyme Gesellschaft als solche, als das Rauschen um mich herum. Ich brauche vielmehr die Andere in einer persönlichen zwischenmenschlichen Beziehung. Sonst werde weder ich zu ihr noch sie zu mir ein vertrauensvolles Verhältnis entwickeln. Ich brauche die Andere auch nicht nur als Feindin, als Wölfin, die alleine vom Willen zur Macht beseelt ist. Das ist sowenig wahrscheinlich, wie daß es gute Menschen gibt. Gerade weil die zwischenmenschlichen Beziehungen von Differenzen beseelt sind, bin ich um meines eigenen Verstehens willen gezwungen, mich gegenüber anderen freundlich und kooperativ, also ansatzweise altruistisch bzw. nicht absolut egoistisch zu verhalten. Verstehen entfaltet sich im zwischenmenschlichen Zusammenhang und überträgt sich von dort auf die Welt. Das soziale Band, das weder durch die Tradition noch durch den Egoismus geknüpft wird, entspringt der negativen Struktur der Hermeneutik, weil das Wissen, ob individuell oder gesellschaftlich, immer zu schwach ist, weil unser Verstehen immer im Nichtverstehen endet, der Mensch keine Gewißheiten hat, auf die er sich individuell oder gesellschaftlich stützen könnte.

DIE VERSTÄNDNISLOSE FÜRSORGE

Die Fürsorge braucht nicht unbedingt das Verstehen. Fürsorge wirkt autoritär, ob als staatliche Unterstützung oder als familiäre Zuwendung der Eltern zu den Kindern oder als Verhältnis zu Kranken und Alten. Wo sie sich nicht autoritär gibt, wo sie die Andere nicht bevormundet, transformiert sie sich in Hilfe. Hilfe erweist sich nur als Hilfe, wenn sie vom Bedürftigen als solche anerkannt wird. Fürsorge muß vom Versorgten nicht als solche verstanden werden und bleibt trotzdem Fürsorge. Das macht die Fürsorge auch relativ einfach für den Versorgenden – und, sofern sie verstanden wird, unerträglich für den Versorgten. Aber wenigstens muß der Versorgte den ganzen Vorgang selbst nicht verstehen. Der Versorger freut sich regelmäßig an diesem Zustand, selbstverständlich mit griesgrämigem Gesicht. Die Fürsorge oktroyiert dem Versorgten ein bestimmtes Verständnis auf. Sie prägt den Versorgten primär hermeneutisch. Durch die Versorgung erhält der Versorgte nämlich ein bestimmtes Verständnis von sich selbst, das nicht er, sondern die Versorgenden ausgeben. Extremfall ist sicherlich die Eltern-Kind-Beziehung, die in der Pubertät dann häufig in einen schweren Konflikt führt. Das Kind kann anfänglich überhaupt nicht verstehen und lernt dieses Verstehen von den Eltern.

Nicht viel anders operiert die staatliche Fürsorge. Deren Empfänger müssen sich den Bestimmungen unterwerfen und werden zugleich dementsprechend abgestempelt, nämlich interpretiert. In der Fürsorge entfaltet sich der Wille zur Macht besonders ungebremst. Denn Macht nützt Abhängigkeiten aus, um sich selbst zu stärken. Die Negativität der Hermeneutik eröffnet eine äußerst ambivalente Struktur für die Versorgenden wie die Versorgten. Der Versorgte muß das ihm oktroyierte Verständnis nicht unbedingt übernehmen, denn die Möglichkeit des Mißverstehens erlaubt ihm einen Spielraum, innerhalb dessen der Versorgende glaubt, der Versorgte hätte die Fürsorge richtig verstanden: Ach, wenn er nur arbeiten könnte, dann würde er ja so gern. Nur in gewisser Hinsicht muß der Versorgte vermeiden, daß Differenzen allzu deutlich werden, daß er Dinge erzählt, die so verstanden werden können, als würde der Versorgte die Fürsorge nicht richtig verstehen, d.h. nicht aus der Perspektive des Versorgenden. Aber da Verstehen offen bleibt, was das Mißverständnis ermöglicht, da man nicht sicher sein kann, richtig verstanden zu haben, lassen sich Konflikte hermeneutisch abfedern. Der Versorgte muß nur partiell und vorgeblich die Interpretation der Macht übernehmen. Die Macht kann sich mit dieser Übernahme zufrieden geben. Der Erfolg der Fürsorge beruht auf der negativen Hermeneutik, hat entscheidend mit dem Nichtverstehen zu tun, das die Frage nach dem Verstehen überflüssig werden läßt und dafür Spielräume eines Machtwillens eröffnet. Einerseits fördert die Negativität der Hermeneutik die Fürsorge. Andererseits mildert sie ihre Machtstruktur. Sie hilft der Macht. Eine triste Aussicht?

Die mitleidige Mystik des Verstehens

Das Mitleid steht hinsichtlich des Verstehens zwischen Hilfe und Fürsorge. Natürlich muß ein distanziertes Mitleid ein gewisses Mindestmaß an Verständnis für die bemitleidete Situation aufbringen. Man muß begreifen, daß die Andere sich in einer bemitleidenswerten Situation befindet, was nicht so schwierig ist, wenn die Andere offensichtlich krank oder unglücklich erscheint. Es gibt allerdings Formen des Mitleids, die keinerlei Verständnis für die Situation des Bemitleideten aufbringen, z.B. Sätze wie: »Diese armen Primitiven in der Wildnis!« Dergleichen voreilige und nachlässige Fehleinschätzungen unterscheiden sich vom schlichten Nichtverstehen, das sich im Zusammenhang von Verstehen ausbreitet und angesichts fremder Kulturen sein Scheitern, zumindest seine Beschränktheit bekunden muß.

Mitleid, wenn es nicht völlig fehl gehen will, braucht das Verstehen, sonst löst es sich nicht ein, hat mit dem Bemitleideten nichts zu tun. Ich kann jemand bemitleiden, obwohl dieser sich selbst nicht bemitleidenswert empfindet. Das kann ich sogar wissen, und es muß trotzdem nichts an meinem Mitleiden ändern, obwohl es dann dem Wortsinne nach kein *Mit*-Leiden ist, sondern ein einfaches Leiden. Da ich aber nicht selber leide, sondern im Sinne einer Stellvertretung mir ein fremdes Leiden vor Augen führe, mit dem ich mich selbst erschrecke, halluziniere ich ein fremdes Leiden – übrigens ein weit verbreiteter und egozentrischer Habitus: Man gruselt sich am Leid der anderen – und spielt dabei den Menschenfreund.

Mitleid ist der zentrale Begriff, mit dem Schopenhauer »Über die Grundlage der Moral« nachdenken will. Um egoistische Motive des Handelns zu vermeiden, muß sich der Mensch die Andere als letzten Zweck des Handelns, als Motiv des Willens vorstellen. Ebenso wie man das eigene Wohl will, will man das Wohl der Anderen. Daher empfindet man im Gefühl des Mitleidens fremdes Leid ähnlich intensiv wie das eigene. Dazu muß man sich mit der Anderen weitgehend identifizieren, was den Egoismus und die eigene Abgrenzung gegenüber der Anderen tendenziell aufhebt. Man muß sich das so intensiv vorstellen, daß es einen tagtäglich zum Handeln antreibt und nicht bloßer Wunsch bleibt. Diese Fähigkeit des Menschen zum Mitleiden motiviert ihn, so Schopenhauer, ohne weitere Rücksichtnahme auf sich selbst an fremdem Wohlergehen zu partizipieren, indem man fremdem Leiden zu begegnen trachtet.

Das Mitleid verhilft dem Handeln allein zu seinem moralischen Wert, wird zur Grundlage der Moral. »Dieses Mitleid ganz allein ist die wirkliche Basis aller freien Gerechtigkeit und aller ächten Menschenliebe.«[17] Eine andere moralische Motivation des Handelns als die des Mitleids gibt es nach Schopenhauer nicht. In diesem Vorgang der Identifizierung mit der Anderen aus dem Gefühl des Mitleids heraus sieht er das große Mysterium der Ethik. Das Ich überschreitet in dieser Variante der *unio mystica* seine Identität und wächst sich zu einer möglichen Identität zwischen Ich und Nicht-Ich, Ich und Anderer aus. Im Mitleid avanciert das Nicht-Ich in gewisser Weise zum Ich. Diese mystische Grundlage der Moral ist ethisch nicht rekonstruierbar, sondern weist über die Ethik in die Metaphysik hinaus.

Mitleiden im schopenhauerschen Sinne könnte sich folglich mit einem bloß halluzinierten Mitleid nicht zufrieden geben. Es braucht tiefgreifendes Verständnis für die Situation der Anderen, und zwar ein Verstehen, das sich bis zu einem Identifizieren mit der Anderen auswächst. Hier scheint Schopenhauer das Verstehen zu überfordern. Verstehen soll eine Einheit erzeugen, die unerreichbar ist. Kein Verstehen der Welt identifiziert zwei Menschen miteinander: Illusionen der Liebe, der Familie und der Horde. Schopenhauer ahnt nichts von der Negativität der Hermeneutik. Das Unverständliche verweist er in die Mystik bzw. in die Metaphysik. Die Negativität der Hermeneutik befreit das Verstehen von diesen metaphysischen Banden, indem sie es an seine Grenzen im Nichtverstehen erinnert, ohne diese mystisch zu verklären. Die schopenhauersche Mystik umschreibt also schon die negative Struktur der Hermeneutik. Mitleid ist nur deshalb möglich, nicht weil ich die Andere oder ihre Situation je ganz verstehe, sondern weil ich mir darüber nie sicher sein kann: Nicht *unio mystica*, sondern begriffliche Nichtidentität als fragwürdige Beziehung. Mitleid braucht als treibende Kraft die Unruhe und Ungewißheit des Nichtverstehens. Das könnte sie zu einer Grundlage der Moral machen, wenn auch nur zu einer schwachen.

Mitleid mit dem Nichtverstehen

Umgekehrt findet das Verstehen im Mitleiden ähnlich wie im Fall der Hilfe ein Muster, das es selbst ermöglicht und das die praktische Dimension der Hermeneutik vorführt, auch wenn letztere nur als negative entworfen werden kann. Verstehen heißt, sich fremdes Wohl und Wehe, die Sichtweisen der Anderen vorzustellen, es so zu empfinden, als wäre man selbst an der Stelle der Anderen. Verstehen heißt Mitleiden, bzw. das Verstehen braucht das Mitleiden als eine Form des Nachvollzugs der Intentionen der Anderen, wie umgekehrt Mitleiden das Verstehen braucht. Eine solche gegenseitige Abhängigkeit stellt eine gewöhnliche Paralogie dar in einem postmetaphysischen Denken, das nicht nach den Gründen fragt bzw. bei dem Gründe nicht wirklich begründend, sondern nur motivierend sein können, also anspornen. Es erscheint sinnvoll, weiterhin zu argumentieren. Nur daß dieser Sinn nicht so weit reicht, wie in der Metaphysik: Es gibt keinen Grund der Physik. In die Welt ist man geworfen und man kann nur versuchen, eine Dynamik zwischen Verstehen und Nichtverstehen zu entwickeln. Darüber kann sehr wohl mit derart schwachen Gründen argumentiert werden. Für einen solchen Sinn aber lohnt kein Opfer.

Verstehen findet sein Modell selbstbezüglich im Mitleid, und zwar in negativ hermeneutischer Perspektive. Verstehen kann sich selbst nie genügen. Es leidet an sich selber. Das Verstehen leidet am Nichtverstehen. Verstehen darf sich selber bemitleiden.

NATUR ALS ORT DES VERSTEHENS

Besitzt das Verstehen einen Ort? Es könnte Sils-Maria sein »Und plötzlich wurde Eins zu Zwei«,[18] heißt es im berühmten Gedicht Nietzsches. Offenbar handelt es sich also auch um den Ort des Nichtverstehens.

Doch nachdem das Naturschöne säkularisiert wurde, reicht das Nichtverstehen der Natur nicht mehr bis zur Achtung gegenüber der Erhabenheit der Natur hin. Nichtverstehen ist eine theoretische Einsicht in die Schranken der Naturerkenntnis. Es läßt aber keine gefährlichen Geheimnisse bzw. geheime Mächte in der Natur zu. Als gefährlich gilt immer weniger die Natur – gerade noch als Erdbeben. Gefährlich erscheint die Natur durch den Menschen selbst: die Klimakatastrophe. Ob wir das richtig verstehen?

Wer sich mit der Natur anlegt, ist selber schuld oder Opfer von technischen Pannen, wenn er beim Bergsteigen das Handy vergißt, beim Canyonning den Wetterbericht mißachtet oder der Tauchcomputer versagt. Ansonsten funktionieren Naturwissenschaften und Technologien exzellent: Die menschlichen Gene werden abgefischt und zugeordnet; der geklonte Embryo (oder bald ein Fötus?) als Ersatzteillager liefert Knochenmark, Leber, Herzen; Klimamodelle eruieren die Erwärmung der Meere; Sonden setzen Autos auf dem Mars ab. Systematik und Mathematisierung der Naturwissenschaften überspielen das Nichtverstehen, das am Grund ihrer Erklärungen siedelt – das wußte schon Leibniz.[19]

Als touristische Attraktion verbleibt Natur zwar Ort der Bewunderung, aber kaum noch eine Herausforderung des Verstehens, das in der Kalkulation aufgeht. Verstanden wird sie nicht in der Naturbeobachtung und -beschreibung, sondern experimentell im Labor oder verfaßt in der Bibliothek, dort wo der letzte Rest des Nichtverstehens mißachtet wird (immerhin eine negative Variante des Achtens).

So bleibt die grüne Wiese ein Ort des Nichtverstehens von Natur, und zwar im ästhetischen Genuß, keinesfalls in der biologischen Betrachtung.

KANN MAN IN DER STADT NACHDENKEN?

Wenn das Verstehen vom Nichtverstehen geprägt ist, wenn Verstehen ein Spiel von Entbergen und Verbergen ist, dann ist der Ort des Verstehens nicht die Natur – außer als ästhetisches Erlebnis –, sowenig wie jede Vorstellung von Heimat als dem Ort, an dem man sich auskennt, wo man bekannt ist, wo man versteht und wo man verstanden wird, wo man mit sich selbst in Einklang lebt. Ist folglich der Ort des Verstehens das Unheimliche, wo der Mensch nicht bei sich selbst weilt, sondern sich außer sich setzt, wo ihm Authentizität abgeht, er sich der Entfremdung ausliefert? Konstituiert sich darin die Realität der modernen Welt? Konzentriert sich der Ort eines solchen Oszillierens folglich in der Stadt, wenn es die Natur nicht sein kann? Fordert die Stadt jene Eigenschaften heraus, mit denen sich das Verstehen verknüpft? Die Reflexionskraft angesichts der Unübersichtlichkeit! Die Fähigkeit des Genießens vielfältiger Angebote in einem zerstreuenden Ambiente! Die Fähigkeit zur rhetorischen und ästhetischen Selbstrepräsentanz, also zur Schönheit des Geiste, d.i. der Worte wie der Person, d.i. des Körpers ergo des Stylings! Die Gelassenheit, auf Identität, Authentizität, die Einheit mit sich selbst verzichten zu können! So entpuppt sich die Stadt als der moderne Ort des Verstehens.

Ereignet sich Verstehen also nicht auf dem Land – dort wo die Kriminalitätsraten niedrig sind und Familienstrukturen noch funktionieren? Dort, wo sich die Menschen noch kennen, wo also etwas zu verstehen sein müßte? Wo die Gemeinschaft die Menschen noch einbindet? Zumindest ein bestimmtes Denken läßt sich beiden jeweils zuordnen, der Stadt die oszillierende, unruhige Reflexion und dem Land das ruhige, nicht getriebene Nachdenken, der Stadt das Chaos, das Pragmatismus verlangt, dem Land die Ordnung, die sich auf eine praktische Metaphysik stützen kann, der Stadt ein Verstehen, das um seine Inkompetenz und Schwäche weiß, und dem Land ein Verstehen, das nach den umfassenden Fundamenten des Universums wie seiner selbst sucht, anstatt sich skeptisch zu hinterfragen.

Ereignet sich Verstehen in der Stadt? Wohl kaum, jedenfalls nicht das positive Verstehen. Kann man in der Stadt etwa nachdenken? Möchte man auf diese Frage nicht spontan ebenfalls »Nein« rufen? Braucht das Denken wie das Verstehen – zwei Seiten derselben Medaille – nicht die Ruhe der Einsiedelei statt der nervösen Kommunikation oder gar des lärmenden Getöses der Stadt? Und wo einst die Stadt sozialer und kultureller Mittelpunkt war, in dem die Gedanken produktiv aufeinanderprallten, ertönt die heute übliche Klage über die Krise des städtischen Raumes. Ihre Kultur sei im Niedergang begriffen. Wer wollte diese Diagnose im Angesicht jener Entwicklungstendenzen leugnen, die die Verödung der Innenstädte oder den technischen und administrativen Verlust von zentrierenden Funktionen diagnostizieren – man denke an die internationalen

Computernetze, die Bibliotheken überflüssig zu machen drohen, an die Auslagerung von Verwaltungen in die Provinz. Im Zeichen staatlicher Sparmaßnahmen gehen die Theater-, Musik- und Kunstszenen nieder, wenn sich die Künstler nicht schon vorher auf das Land zurückgezogen haben, ballen sich in der Stadt »billige« und banale Vergnügungsviertel. Angesichts massiver Umweltprobleme, des ganzjährigen Dauersmogs, der Lärm- und Streßbelastung erscheint die Stadt nicht als der Ort des Denkens oder des Verstehens, nicht einmal mehr als derjenige der Kommunikation.
Doch das ist ja nicht das ganze Verstehen, sondern nur das halbe, das brave harmlose, biedere und naive – eben das positive und nicht das Nichtverstehen.

Die Bohème des Verstehens

Andererseits entstehen in der Stadt neue Kommunikationsstrukturen und Lebensformen, obgleich kaum in den bourgeoisen Prägungen des letzten Jahrhunderts, sowenig wie in proletarischen, die bestenfalls verkleinbürgerlichten, nicht in den Formen der literarischen oder studentischen Bohème der ersten Hälfte des letzten Jahrhunderts – man denke an den jungen Sartre, der im Hotel wohnte und im Café schrieb, oder an die stillen Nächte des Henry Miller in Clichy –, auch nicht in den Formen der Alternativbewegung der siebziger und achtziger Jahre, die eher dem Ressentiment entsprangen.

Dennoch gedeiht Kommunikation in der Zwischenzeit städtisch, angestoßen durch den weitreichenden sozialen Wandel in den 1960er und 1970er Jahren, der die verhältnismäßig festen sozialen Hierarchien und Wertorientierungen auflöste, die der Gesellschaft eine deutlich sichtbare Ordnung verliehen. In den Rissen der alten Ordnung entwickeln sich Nischen, in denen sich Menschen ansiedeln, die den destruktiven städtischen Tendenzen zu entfliehen trachten wie den alten Ordnungen und die neue Orte der Kommunikation, des Verstehens schaffen. Zumeist sind das keine Orte der Einsamkeit, der Zurückgezogenheit, des augustinischen Insichgehens – obwohl es in der Stadt viele Einsame gibt, die einsam wurden, weil sie ihre Familienbande aufließen oder denen diese zwischen den Händen zerronnen. Eher sind es Orte der Kommunikation, der zwischenmenschlichen Beziehungen und lebendigen Verbindungen, die den isolierenden Tendenzen städtischer Existenz zu trotzen versuchen. An diesen Orten suchen Menschen zwischen der Anonymität von Großstrukturen das Persönliche, den individuellen Kontakt, die Andere, wollen Verstehen und suchen Verständnis in einem Wust von Ignoranz und Nichtverstehen.

So entfalten sich eine Vielzahl von keineswegs alternativen, kleinen privaten Zirkeln mit besonderen kulturellen und nicht nur konsumistischen Interessen, seien es Hobbykünstler, Bildungs- bzw. Kulturbeflissene, z.B. Kinogänger – nicht nur des Autorenfilms –, Gesundheitsbewußte oder literarische Cliquen vom Buchhändler bis zum Autor. Wohlgemerkt gibt es vieles davon auch auf dem Land – denn das Land ist längst an vielen Stellen urbanisiert, insbesondere wo es besonders einsam scheint, z.B. wo ein sehr städtisches Publikum Wohnung im Einödhof nimmt, der zwar fernab des Chiemsees, aber keineswegs in Alaska liegt. Die bessere Infrastruktur, die leichteren Kommunikations- und vor allem Begegnungsmöglichkeiten herrschen aufgrund der räumlichen Nähe jedoch in der Stadt – nicht nur für Gleichgesinnte, auch für die Begegnung mit Andersgesinnten. Dazu gehören immer noch das Café oder der Park, der alte Friedhof von Schwabing, die eigene Wohnung, Nischen im städtischen Treiben, wo man seine Freunde in kommunikativer Umgebung trifft – und zwar in keiner idyllischen, sondern einer zerzausten, die eher von den Schwierigkeiten des Verstehens kündet als die ländliche Ordnung. Diese Entwicklung treibt vom augustinischen Prinzip der Einkehr in sich selbst ab, zu dem noch Land und Berge aufrufen würden, könnte man sich dort heute nicht per Handy und Hubschrauber schnell ins nächste Krankenhaus bringen lassen – die mögliche Rettung des Selbst, die den Landbewohner aus der Einkehr herausreißt. Die einsame Begegnung mit Gott muß man auf dem Mount Everest suchen, wohin kein Hubschrauber fliegt und man sterbend nur noch mit seiner schwangeren Frau in Neuseeland per Satellitentelephon reden kann – anstatt seine letzten Augenblicke betend zu verbringen, denn man wäre auf 8000 Meter Höhe doch Gott recht nahe. Es sei denn, dieser weilte gerade in einer anderen Galaxis oder auf der anderen Seite der Weltkugel.

Die urbanen Strukturen errichten die Herrschaft der Äußerlichkeit. Sie zwingen die Menschen aus sich heraus in die Kommunikation mit der Anderen. Ihre Wahrheit entwirft sich als eine zwischenmenschliche, als protestantische Rationalität, keine heimliche, innerliche, nicht als katholische Mystik. Die urbane äußerliche Wahrheit sitzt dem Schwanken des Verstehens auf, dem Widerspruch anderer, der fragwürdigen Effizienz. Denn urbane Kommunikationsstrukturen stabilisieren das Leben nicht, sondern erschweren es, fordern zu Reflexions- und Verstehensbemühungen heraus. Wenn der Mensch auf den anderen Menschen ausgerichtet wird, wenn er sich kommunikativ verhalten muß, ob er will oder nicht, wenn die zwischenmenschliche Beziehung ins Zentrum des hermeneutischen Interesses rückt, dann steht der Mensch vor dem Fragwürdigen, dem Veränderlichen, dem Wechselhaften, wie dem Unerfaßbaren der Andersheit der Anderen oder der Unheimlichkeit der eigenen Existenz. Dann erscheint der Mensch als eine Andere, nicht als ein gleicher. Dann erst stellt sich die kantsche Frage »Was ist der Mensch?« definitiv als falsch formuliert heraus.

Das urbane Leben organisiert sich nicht in den traditionellen Formen, somit nicht in den Verstehensmodellen der Metaphysik, des adäquaten Verstehens, des positiven Rückbezugs auf große Ideen, die das Verstehen erhellen sollten, sondern in sich differenzierenden Verstehensbemühungen, die nicht von ihrem eigenen Gelingen zehren, sondern in ihrem Scheitern dahinleben – ohne Ziel und ohne Zweck.

Private Kreise haben als Ort der zwischenmenschlichen Beziehungen, als Orte des Verstehens an Bedeutung gewonnen und lösen die alten Phantome von Staat und Gesellschaft ab – Kreise aber, die aus ihrer originären Struktur heraus nicht wie Familien und der Staat oder die Kirche irgendeinen biologischen, nationalen, internationalen oder religiösen Zweck verfolgen. Das können sie schon, aber als selbstbewußte, somit arbiträre und kontingente Entscheidung. Heimat und Gemeinschaft – im Grunde der Ort des Verstehens wie des Nichtverstehens –, das sind heute, in städtischem Ambiente, für viele die Freunde, weniger die Familie, die Gemeinde oder soziale Ordnungen. Um derartige, privat erscheinende Kreise zu erhalten, bleibt man lieber am Ort und pendelt, wenn man Arbeit woanders gefunden hat: die Familie zieht mit in die Fremde, nicht aber die Freunde (sowenig wie die emanzipierte Partnerin). Oder man jettet zu den Freundeskreisen überall in der Welt. Familie und Staat haben ihren hegelschen, ihren höheren Sinn längst verloren und sind Dienstleister geworden. Natürlich haben alle das Recht, an diesen Diensten teilzuhaben oder nutznießen: Lesben, Schwule, Ausländer, Touristen und Einheimische, ob sie gerade im Eigenheim, im Hotel oder im Obdachlosenasyl wohnen.

DAS URBANE NICHTVERSTEHEN

Das Gewühl der Stadt, das Ruinöse ihrer plagenden Umwelt, ihre zunehmende soziale Unordnung einerseits und ein andererseits ausufernder Regelungsbedarf, das alles zusammen fordert den Menschen heraus, in dieser Welt nach seiner eigenen Nische, nach seinen Freunden, nach Verstehensmöglichkeiten zu suchen. Dergleichen liefern die traditionellen Dienstleister einschließlich der Kirchen nicht mehr. Diese Suche verlangt von ihm selbst Geschicklichkeit, Einfühlungsvermögen und Überlegung und wird sich niemals in einem stabilen, ausgeglichenen Zustand erschöpfen, wird niemals dorthin führen, wo für Aristoteles der Tugendhafte seine Glückseligkeit trotz schwerer Schicksalsschläge zu erhalten vermag. Trotzdem ruft die Stadt den einzelnen ins Denken, wenn er bereit ist, auf die Herausforderungen der Stadt zu hören und sich mit ihnen auseinanderzusetzen, wenn er sie also reflektiert – bedenkt –, wenn er die Suche nach seiner besonderen Nische aufnehmen will. Bei dieser Suche spielen die traditionellen Dienstleister nur noch eine beratende Rolle oder keine mehr, wie die päpstlich verhinderte Zigarettenschachtellösung angesichts von Nachwuchsproblemen.

Manche Haltungen bei dieser Suche nach Lebensmöglichkeiten mögen Bornierungen ergeben, man denke an radikale Gruppen religiöser oder politischer Couleur, Haltungen, die zwar Reaktionen auf Auflösungserscheinungen sind, die sich vor ihnen aber in fixe Welten flüchten und nicht zum Denken und Verstehen – und schon gar nicht zum Nichtverstehen – anregen. Fundamentalistische Gruppierungen lassen Nichtverstehen nicht zu: Sie erklären alles.

Andere Haltungen dagegen bedenken die lebensweltlichen Gegenwartsprobleme und suchen nach neuen Formen der Begegnung und des Verstehens, beispielsweise die ökologische Haltung, die Liberalität, die Toleranz, der Ästhetizismus – städtische Tugenden, die dort entstehen, wo sich bestimmte Probleme häufen und sich einfache Antworten und Lösungen nicht mehr anbieten, Tugenden, die vornehmlich der Kommunikation in bestimmten Gruppen entspringen, weniger den großen sozialen Dienstleistern; Tugenden, die im Sinne des Aristoteles nicht generalisierbar sind, von denen man nicht genau angeben kann, welche Formen sie in bestimmten Situationen annehmen. Menschen, die derartige Denkhaltungen entwickeln, erreichen eine gewisse Distanz zum ruinösen Chaos wie zur einengenden Regelungsmanie städtischen Lebens. Sie gewinnen damit so etwas wie Freiheit von fatalen Zwängen bzw. Nischen innerhalb derselben, ohne sich von diesem Chaos und den Zwängen verabschieden zu können noch zu wollen. Denn zum Nichtverstehen gehört nun einmal das kosmische Chaos, nicht die kosmische Ordnung.

Denken und Verstehen haben heute mit der lebendigen Kommunikation zu tun, mit der individuellen Suche nach der persönlichen Lebensform in einer vielfältigen Umwelt. Sie entspringen weniger der Einsamkeit des Denkenden, übergreifenden Ideen, stabilen Institutionen: Nicht Hegels Gemeinschaft der Philosophen beflügelt das Denken – sie verwalten es höchstens –, sondern viele große und kleine Denker.

Die Stadt ist trotzdem zum Moloch geworden. Nicht ihr Charakter als Polis, der längst vom Staat verschluckt wurde, sichert die Freiheit. Sie beruht heute auf dem kosmopolitisch metropolitanen Wesen ihrer Bewohner, die auf die Realitäten kommunikativ und reflexiv antworten. Dieses Wesen ist kein selbstzufrieden ruhiges, ist nicht ganzheitlich und gesund: Es mutet vielmehr neurotisch und schizophren an, ist doppel- oder vieldeutig, unübersichtlich, komplex, mit sich selbst niemals dasselbe, sondern different, aber gestylt von den großen Designern und symbolisiert von den großen Marken, zu denen auch politische Parteien gehören – man denke an die »Grand Old Party« oder die über hundert Jahre alte SPD. Das metropolitane Wesen strebt nach Gelassenheit angesichts der vielen Bedrohungen, die das Denken herausfordern, die das Verstehen unmöglich machen und die es keinesfalls zwanghaft zu markieren gilt. Die Stadt ist bestimmt nicht der Ort der Reinigung und Umkehr, nicht der Ort der Konsequenz, selbst dort, wo sie geradlinig gestaltet ist. Die Stadt ist der Dschungel, in dem man sich nur im Zickzack bewegen kann, wo man nicht konsequent denken kann, sondern skeptisch sich selbst in Frage stellend versucht, Hochkomplexes zu verstehen. (Vielleicht findet ja das bessere Leben wirklich auf dem Land und in traditionellen Ordnungen statt, in der Gemeinschaft der katholischen Kirche.) Stadtmenschen denken anders als Landmenschen, schizophrener, skeptischer, zirkulärer, verschlungener. Sie wissen schlicht nicht, wo sie sich im Labyrinth verirrt haben und versuchen den Sinn des Ariadne-Fadens *nicht zu verstehen*.

Manche werden behaupten, daß ein Verstehen, das sich aus einer solchen Quelle der Inkonsequenz, der Differenz und der Komplexität speist, unphilosophisch sein muß; denn in der Philosophie ging es um übergreifende Prinzipien. Philosophie sei auf dem Land zu Hause. Trotzdem könnte man nach einem besonderen Denken in der Stadt fragen, nach einem Nichtverstehen, das sich seines Ortes bewußt ist und somit seiner Herkunft wie auch seiner – fehlenden – Orientierungen. Das widerstrebt dem bisherigen Allgemeinheitsanspruch des Denkens. Aber je weiter der menschliche Horizont wird – der göttliche war vergleichsweise eingeschränkt –, um so schwächer könnte seine Fähigkeit werden, so etwas Gewaltiges wie das Ganze oder das Allgemeine zu verstehen und um so mehr muß das Denken seine Beschränktheit reflektieren – und sei es zu dem Preis, die Philosophie auflassen zu müssen.

MATHEMATISCHES NICHTVERSTEHEN

Wie zitiert Nietzsches »Zarathustra« doch den Einsiedler: »Immer Einmal Eins – das giebt auf die Dauer Zwei!«

Anmerkungen:

1. Vgl. Gabriel Marcel: *Die Erniedrigung des Menschen*. Frankfurt/Main 1957, S. 85

2. Vgl. Blaise Pascal: *Gedanken*. Stuttgart 1978, S. 121ff.

3. Vgl. Eric Voegelin: *Der Gottesmord – Zur Genese und Gestalt der modernen politischen Gnosis*. München 1999, S. 98

4. Vgl. Hans-Georg Gadamer: *Heidegger und die Sprache*. In: Peter Kemper (Hrsg.): *Martin Heidegger – Faszination und Erschrecken*. Frankfurt/New York 1990, S. 112

5. Vgl. Gilles Deleuze: *Differenz und Wiederholung*. München 1992, S. 375

6. Vgl. Henri Bergson: *Die beiden Quellen der Moral und der Religion – Materie und Gedächtnis und andere Schriften*. Frankfurt/Main 1964, S. 284

7. Immanuel Kant: *Grundlegung zur Metaphysik der Sitten [Akdademie-Textausgabe Bd. IV]*. Berlin 1968, S. 393

8. Vgl. Jacques Derrida: *Gesetzeskraft – Der mystische Grund der Autorität*. Frankfurt/Main 1991, S. 33

9. Vgl. Nikolaus von Cues: *Vom Wissen des Nichtwissens*. Hellerau 1919, S. 50f.

10. Vgl. Meister Eckhart: *Deutsche Predigten und Schriften*. Paderborn 1936, S. 33

11. Talmud, zitiert nach Emmanuel Lévinas: *Stunde der Nationen – Talmudlektüren*. München 1994, S. 72

12. Max Weber: *Wissenschaft als Beruf – Gesammelte Aufsätze zur Wissenschaftslehre*. Tübingen 1973, S. 605 (Hervorhebung von Weber)

13. Vgl. Hans Jonas: *Organismus und Freiheit – Ansätze zu einer philosophischen Biologie*. Göttingen 1973, S. 321

14. Vgl. Gianni Vattimo: *Dialektik, Differenz, schwaches Denken*. In: Hans–Martin Schönherr–Mann (Hrsg.): *Ethik des Denkens – Perspektiven von Ulrich Beck, Paul Ricœur, Manfred Riedel, Gianni Vattimo, Wolfgang Welsch*. München 2000

15. Aurelius Augustinus: *De vera Religione – Theologische Frühschriften*. Zürich 1962, S. 39

16. Vgl. Theodor W. Adorno: *Negative Dialektik*. Frankfurt/Main 1970, S. 22

17. Arthur Schopenhauer: *Über die Grundlage der Moral [Werke Bd. 6]*. Zürich 1977, S. 248

18. Friedrich Nietzsche: *Die fröhliche Wissenschaft [KSA Bd. 3]*. München/Berlin/New York 1988, S. 649

19. Vgl. Gottfried W. Leibniz: *Brief an Arnauld vom 30. April 1687 [Die Hauptwerke]*. Stuttgart 1967, S. 93

CD-Edition

Alle Bücher von »edition fatal« sind auch als PDF-Dateien auf CD erhältlich. Damit wird es für Sie möglich:

- Im Volltext nach Namen und Begriffen zu suchen
- Eigene Anmerkungen zum Text hinzuzufügen
- Text zu kopieren und beispielsweise (als Zitat) in Ihre Textverarbeitung zu übernehmen
- beliebige Seiten im DIN A4-Format auszudrucken

Auch dieser Band ist als Buch-CD erhältlich. Als Besitzer des gedruckten Buches können sie die CD zum halben Preis beziehen! Füllen Sie dazu einfach das Formular auf der Rückseite aus und senden Sie es an »edition fatal«.

Online-Bibliothek

Darüber hinaus können alle bei uns veröffentlichten Bände auch »online« über unsere Online-Bibliothek – kostenlos! – abgerufen und gelesen werden. Und auch hier ist eine Volltextsuche möglich. Allerdings können Sie, anders als bei den Buch-CDs, keine Anmerkungen zum Text hinzufügen, Zitate übernehmen oder Seiten ausdrucken.

>> www.edition-fatal.de

Bestellung

An:
»edition fatal« Verlagsgesellschaft
Edelweiss-Str. 9
81541 München

Name: . . . .

Vorname: . . . .

Strasse/Postfach: . . . .

. . . .

PLZ und Ort: . . . .

Hiermit bestelle ich folgenden Titel als Buch-CD im PDF-Format (erfordert Adobe Acrobat-Reader ab Version 3.0 sowie HTML-Browser) zum Vorzugspreis für Buchbesitzer:

Hans-Martin Schönherr-Mann: *Das Mosaik des Verstehens*

Preis: 50% des empfohlenen Ladenpreises (also derzeit: 14,67 DM bzw. 7,50 Euro), zuzüglich Versandkosten und Nachnahmegebühr.

Datum:

Unterschrift: . . . .